MÉTHODES D'EXPLORATION DE LA CAVALERIE

LES

ESCADRONS DE DÉCOUVERTE

PAR

Le Général-Major Baron A. V. KAULBARS

COMMANDANT LA 1re BRIGADE DE CAVALERIE A TVER

TRADUIT DU RUSSE

Avec l'autorisation de l'auteur

PARIS

LIBRAIRIE BERGER-LEVRAULT ET Cie

Éditeurs de la Revue de cavalerie

5, RUE DES BEAUX-ARTS

MÊME MAISON A NANCY

1889

MÉTHODES D'EXPLORATION DE LA CAVALERIE

LES

ESCADRONS DE DÉCOUVERTE

PAR

Le Général-Major Baron A. V. KAULBARS

COMMANDANT LA 1re BRIGADE DE CAVALERIE A TVER

TRADUIT DU RUSSE

Avec l'autorisation de l'auteur

PARIS

LIBRAIRIE BERGER-LEVRAULT ET Cie

Éditeurs de la Revue de cavalerie

5, RUE DES BEAUX-ARTS

MÊME MAISON A NANCY

1889

TABLE DES MATIÈRES

LES

ESCADRONS DE DÉCOUVERTE

MÉTHODES D'EXPLORATION DE LA CAVALERIE

Le développement des forces militaires des puissances euro-
péennes a suivi, dans ces derniers temps, une marche si rapide
que l'on peut déjà entrevoir l'époque où se réalisera l'idée de la
« nation armée ». Les dernières mesures adoptées en Allemagne
relativement à l'organisation de la landwehr, constituent un pas
décisif accompli dans cette voie ; la nouvelle loi permet à cet État
de masser sur la frontière une armée de deux millions d'hommes,
et déjà le bruit court à Berlin qu'il est possible d'aller encore plus
loin dans ce sens.

Il est évident que l'exemple de l'Allemagne devra être suivi,
dans une certaine mesure, par les autres nations de l'Europe ;
aussi peut-on supposer, sans exagération, que dans la prochaine
grande guerre européenne, des millions d'hommes se heurteront
contre des millions d'hommes.

Commander des masses aussi formidables, les approvisionner
de tout ce qui est nécessaire à leur existence, les pourvoir de tous
les moyens de destruction dont elles auront à faire usage contre
l'ennemi, constitue un problème extrêmement compliqué et diffi-

---

1. La traduction littérale du titre est : *Les Escadrons d'avant ou avancés* (péré-
dovyé).　　　　　　　　　　　　　　　　　　　　　（*Note du traducteur.*）

cile ; il ne peut se résoudre que par une préparation assidue et complète du temps de paix. La loi de la masse, avec ses exigences matérielles, menace d'amoindrir l'influence du commandement. Les guerres dans lesquelles, comme en 1870-1871, des centaines de mille de combattants se sont trouvés en présence, ne donnent qu'une faible idée des plans de campagne actuels, qui prévoient des étendues de front de 500, 800 et 1,000 verstes pour les armées et des lignes de bataille de 20, 40 et 50 verstes[1]. Notre devoir, à nous militaires, est de méditer profondément sur ce sujet, afin de nous habituer à ces nouvelles proportions que prendront les évé-nements militaires de l'avenir. Actuellement, plus qu'autrefois, il incombe à chacun de nous de démêler ce qui est mal défini et obscur, afin d'abandonner le moins possible au hasard et de nous *rendre compte par nous-mêmes* de ce que chacun aura à faire et des moyens qu'il aura à employer.

Peut-on affirmer, d'ailleurs, qu'avec l'accroissement colossal des armées, on ne verra pas se multiplier également, dans une notable mesure, les cas imprévus dont l'influence est si puissante sur la marche et l'issue des guerres ?

Le développement rapide des moyens de combat assigne à la cavalerie un rôle considérable et difficile dans les guerres futures. En effet, d'une part, le perfectionnement continuel des armes à feu et l'extension de la culture qui restreint de plus en plus le terrain des opérations de la cavalerie en ordre compact, exigent que la mo-bilité de cette arme soit augmentée ; d'autre part, le renforcement des effectifs des armées affecte, pour des raisons économiques, presque exclusivement l'infanterie et l'artillerie ; la cavalerie, arme peu propre au développement des réserves et dont l'entretien est coûteux, se présente sur le théâtre de la lutte en proportion relativement moindre qu'autrefois. Il n'y a pas longtemps encore, on comptait dans les armées 1 cavalier pour 4 fantassins ; aujour-d'hui la proportion est réduite à 1 sur 10, et dans un avenir pro-chain, ce chiffre sera encore modifié aux dépens de la cavalerie.

---

1. La verste vaut 1,067 mètres. (*Note du traducteur.*)

Cependant le rôle qui incombe à cette dernière arme prend sans cesse plus d'importance, et aujourd'hui même il répond à peine aux moyens dont elle dispose ; il s'est accru particulièrement le jour où l'on a adopté, en Europe, le système des réserves, et où, en raison de la rapidité de la mobilisation, la cavalerie a reçu la mission de couvrir la concentration de millions d'hommes sur une étendue de plusieurs centaines de verstes, et d'empêcher que l'adversaire ne vienne entraver la marche régulière de cette opération compliquée. Ainsi, on exige de la cavalerie qu'elle porte le trouble dans la mobilisation de l'adversaire, qu'elle découvre le point de concentration de ses armées, qu'elle se porte sur ses communications, qu'elle détruise ses magasins, qu'elle crée des obstacles à ses transports, etc. Si l'exécution d'une pareille mission présentait déjà de grandes difficultés avec des armées relativement peu considérables, aujourd'hui que le théâtre de la guerre a pris une extension démesurée et que dans les armées la proportion de la cavalerie par rapport à l'infanterie a été réduite de moitié, le rôle de la cavalerie exige des efforts presque surhumains.

Pour mener à bonne fin les diverses tâches qui viennent d'être indiquées, il sera nécessaire, dès les premiers jours de la mobilisation, de diriger la cavalerie sur la frontière ; et comme l'adversaire agira certainement de même, il en résulte que la campagne débutera par une lutte de cavalerie ; celle des deux cavaleries qui aura le dessus, sera en mesure de remplir sa mission ; elle placera l'adversaire, dont la cavalerie aura été refoulée derrière son infanterie, dans la position d'un aveugle luttant avec un voyant. Dans ce duel de cavalerie, le succès dépendra non seulement de l'habileté des chefs, mais encore du nombre des combattants, de leur mode de préparation en temps de paix et de la façon dont on saura *conformer les opérations aux propriétés fondamentales de l'arme.*

C'est à ce dernier point de vue que je désire me placer pour examiner, dans la présente étude, la question de *l'exploration de la cavalerie lancée en avant du front de l'armée* pour combattre la cavalerie adverse. Si l'on réfléchit aux circonstances dans lesquelles cette cavalerie va opérer, on reconnaîtra sans peine qu'elle a à rem-

plir deux rôles absolument opposés : 1° couvrir un front étendu ;
2° concentrer ses forces pour frapper l'adversaire, puis se rapprocher de ses masses d'infanterie et exécuter les opérations énumé-
rées plus haut.

Au premier abord, la solution du problème dépendra de la
façon dont on mettra en pratique la formule connue : « *marcher
isolément — combattre en masse* ». Mais en approfondissant davantage la question, on s'aperçoit que cette formule, parfaitement
applicable à l'infanterie et à des détachements composés des trois
armes, ne peut s'adapter à la cavalerie ; cela tient à la rapidité de
mouvement de celle-ci et au peu de durée de ses actions décisives,
lors même que les masses de cavalerie sont très considérables ; le
temps nécessaire pour décider du combat se compte non par
heures comme dans un engagement d'infanterie, mais par minutes.

Prenons un exemple.

Un corps d'infanterie s'avance sur trois chemins parallèles, précédé d'une avant-garde, de détachements avancés, de détachements
de tête, de patrouilles, etc. [1]. L'ennemi surgit sur son front en
forces imposantes. Les détachements de tête choisissent leurs positions et essaient de contenir l'adversaire jusqu'à l'arrivée du détachement avancé ; une fois réunis avec lui, ils attendent l'arrivée
de l'avant-garde, ou bien se retirent lentement sur elle, pour lui
permettre d'occuper une position défensive. Dans l'un et l'autre
cas, l'ennemi est obligé, pour battre le détachement qui couvre le
gros, de faire une reconnaissance des forces et de la position de
l'adversaire, de déployer successivement des effectifs importants,
enfin d'engager un combat pied à pied pour refouler d'abord les
détachements de tête et le détachement avancé, sur l'avant-garde,
puis celle-ci sur le gros. Ces diverses opérations exigent un temps
tellement long que le commandant en chef sera informé de la
situation longtemps avant l'engagement décisif ; il aura donc le

---

. 1. Les échelons qui précèdent le gros de l'avant-garde portent, en Russie, le nom
de détachement *avancé* (pérédovyi) et détachement *de tête* (golovnyi) ; ils correspon-
dent, le premier à la *tête*, le second à la *pointe* d'avant-garde, définies dans notre règlement sur le service en campagne.   (*Note du traducteur.*)

loisir de s'orienter, de donner les ordres nécessaires ; enfin, si la répartition des forces et les marches ont été bien exécutées, les trois colonnes qui s'avancent sous la protection de l'avant-garde arriveront à se concentrer et à se préparer au combat. Elles y parviendront, parce que la nouvelle de l'approche de l'adversaire sera communiquée au commandant en chef beaucoup plus rapidement que ne se meut l'infanterie ennemie, et qu'en outre tous les détachements avancés contiendront pas à pas l'adversaire.

Il n'en sera pas de même de la cavalerie qui aura adopté le dispositif de marche que nous venons d'indiquer, et suivra les trois mêmes chemins. Pour que la comparaison soit exacte, il faut nécessairement admettre que la cavalerie ennemie est en force et qu'elle opère aussi d'une façon décisive. En terme de cavalerie, cela s'appelle « rvat », ce qui signifie : se porter vivement en avant, avec l'intention d'attaquer à fond l'adversaire frappé de stupeur. C'est ainsi qu'opérera toujours une bonne cavalerie ; quant à la mauvaise, nous n'avons pas à nous en occuper. Le combat de cavalerie proprement dit, comme l'a démontré l'expérience des guerres et tel qu'il résulte des caractères essentiels de cette arme, dure à peine quelques minutes, même lorsque les masses de cavalerie s'abordent.

Qu'arrivera-t-il dans l'exemple que nous considérons ? Avant même que les patrouilles n'aient réussi à signaler l'ennemi, les estafettes chargées de cette mission seront déjà talonnées par la cavalerie ennemie. Le détachement avancé et celui de tête n'auront que le temps de se replier sur l'avant-garde ; à peine auront-ils réussi à la rejoindre que devant cette avant-garde se dresseront des forces écrasantes ; celle-ci devra elle-même se replier rapidement pour éviter d'être détruite ; si elle s'aventure dans un combat inégal, la lutte sera terminée en quelques instants. Enfin, lorsque l'ennemi atteindra la colonne la plus rapprochée du gros des forces, là aussi s'engagera un combat dont l'issue se décidera en quelques minutes. Dans le cas contraire, la colonne reculera pour se joindre à celles qui suivent les routes latérales ; elle cédera devant l'ennemi, et ce mouvement aura pour effet d'abattre son moral propre et de relever l'énergie et accentuer l'audace de l'adversaire, sans parler de la complication de ce mouvement de concentration qui, sous la pression de l'ennemi, réussira rarement à se faire sur un point en avant. Dans ces conditions, l'expérience des guerres, aussi bien que la pratique du temps de paix, prouve que les corps latéraux arriveront rarement, pour ne pas dire exceptionnellement, à se réunir aux forces sur lesquelles se produira l'effort principal de l'adversaire. En définitive, l'ennemi frappera sur des troupes *fractionnées*. Cela tient à des causes multiples dont voici les plus importantes :

1° *L'ennemi s'avance tellement vite*, que les renseignements circonstanciés à son sujet ne parviennent au commandant le plus élevé en grade qu'à un moment où il est presque toujours trop tard pour concentrer son détachement. Cette considération est particulièrement importante ; on la perd cependant souvent de vue. Les premiers renseignements sur l'apparition de l'adversaire peuvent être fournis à temps par les patrouilles de découverte ; mais les détails circonstanciés sur les forces de l'ennemi, sur leur direction principale, etc., en un mot, ceux qui permettent au commandant de prendre telle ou telle décision, ne parviennent le plus souvent que plus tard : les fractions en ordre serré, chargées du service de sûreté, seront déjà arrivées dans le voisinage de l'ennemi ; depuis 10 à 15 minutes on se trouvera menacé d'un engagement décisif[1] et il sera trop tard pour rassembler les colonnes. Encore, ces renseignements sont-ils rarement assez complets, car l'adversaire s'avance rapidement ; il suit autant que possible un terrain couvert ; on peut donc être induit en erreur sur ses intentions réelles.

2° *La cavalerie n'est pas apte à livrer un combat défensif* : telle disposition du terrain suffit pour l'en empêcher ; aussi le détachement de tête et le détachement avancé, pas plus que l'avant-garde elle-même, ne seront en état de contenir momentanément les mou-

---

1. En supposant que le détachement marche avec les mesures de sûreté habituelles, en observant les distances réglementaires. (Voir planche 1.) Sur ce plan, la distance entre le gros du régiment et l'avant-garde est supposée de 3 verstes, ce qui dans l'esprit du règlement est une distance considérable.

vements de l'ennemi, sauf dans des cas rares et exceptionnellement favorables. Tous ces détachements seront dans l'alternative, ou de repousser l'ennemi par une première attaque ou, si l'adversaire est en force et prononce un mouvement décisif, d'être rejetés sur le gros de leurs forces, tout en étant serrés de près par l'ennemi. L'héroïsme peut seul, en pareil cas, triompher des difficultés ; encore, les troupes chargées du service de sûreté ne réussiront-elles à contenir l'ennemi que pendant quelques minutes. Nous lisons souvent, dans les articles qui traitent de cette question, la phrase suivante : « Les escadrons de découverte ou les détachements de tête et les détachements avancés ont soin, *en cas de nécessité, de se replier lentement sur l'avant-garde ou sur le gros des forces, en contenant autant que possible l'adversaire,* pour donner au gros le temps de se préparer, etc. ». Il me semble qu'un tel rôle imposé au service de sûreté[1] est dangereux et non justifié. Le gros des forces court de grands risques en mettant toute sa confiance dans son avant-garde et dans les autres mesures de sûreté prescrites par le règlement ; d'autre part, en cas d'insuccès, les détachements avancés ne peuvent pas être rendus responsables ; il n'est pas permis, en effet, d'exiger ce qui n'est pas réalisable dans la pratique.

On exige que la cavalerie applique les formations réglementaires de l'infanterie. Ce qui est bon pour cette dernière arme, est souvent peu ou point conforme aux propriétés de la première.

Si la cavalerie a ordinairement moins de temps que l'infanterie pour opérer la concentration des forces qui marchent sur différentes routes, en revanche elle l'exécute incomparablement plus vite. Cependant, à la suite d'un examen attentif de la question, on reconnaît que cette possibilité de se mouvoir rapidement présente, dans certains cas, des inconvénients.

La première condition d'une concentration rapide consiste

---

1. Il n'y a pas, dans le règlement russe, de distinction bien nette ni de séparation bien tranchée entre le service d'exploration et le service de sûreté, tandis qu'en France la séparation est absolue. De là certaines expressions qui pourront paraître un peu équivoques au lecteur. *(Note du traducteur.)*

nécessairement dans le maintien constant de la liaison entre les colonnes qui marchent sur différentes routes ; sous ce rapport, l'infanterie a tous les avantages [1]. *a*) En effet, elle se meut plus lentement et n'est pas en état d'accélérer beaucoup son allure ; *b*) le mouvement des colonnes d'infanterie est régularisé par des haltes plus longues, les divers accidents et les arrêts imprévus influent moins sur la marche des colonnes d'infanterie, qui sont précédées par des troupes chargées d'écarter ces obstacles ; *c*) le terrain sur lequel se déplacent les colonnes d'infanterie est presque toujours plus ou moins connu ; *d*) leur profondeur totale (y compris les trains) est plus grande que celle des colonnes de cavalerie, par suite il est plus facile de les retrouver sur le terrain.

Dans ces conditions, la transmission, en temps opportun, des renseignements et des ordres d'une colonne d'infanterie à l'autre est suffisamment assurée.

Il n'en est pas de même dans la cavalerie.

a) Les distances entre les diverses colonnes du détachement seront, dans la plupart des cas, plus grandes qu'entre les colonnes d'infanterie, parce que la cavalerie doit chercher à faciliter non seulement ses mouvements, mais encore ses approvisionnements en fourrages.

b) La cavalerie se meut [2] presque deux fois plus vite que l'infanterie ; de plus, pour la conservation de ses chevaux, elle évite, autant que possible, les haltes prolongées.

c) Le terrain et les accidents de la route influent davantage sur le mouvement de la cavalerie que sur celui de l'infanterie ; il est vrai que cet inconvénient peut être considérablement atténué par une bonne instruction donnée au cavalier en temps de paix.

d) La cavalerie lancée en avant du front de l'armée aura le plus souvent à opérer sur un terrain peu ou point connu ; elle rencontrera donc des difficultés d'orientation.

Les hommes envoyés pour porter des ordres et des dépêches

---

1. Elle aura presque toujours de la cavalerie pour maintenir cette liaison.
2. Ou plutôt — doit se mouvoir.

s'égarent facilement ; il leur est d'autant plus difficile de trouver la colonne indiquée, que cette colonne est plus courte et qu'elle se meut plus vite.

c) Dans le mouvement de la cavalerie, le commandement et les état-majors ont toujours beaucoup moins de temps que dans l'infanterie pour prendre leurs dispositions en vue d'une reconnaissance, pour apprécier la situation d'après les renseignements reçus et pour donner des ordres. Une fois que l'ordre est rédigé, il est très difficile de désigner avec précision le détachement que l'on a en vue ; aussi l'estafette reçoit-elle seulement des indications générales sur la direction dans laquelle elle doit chercher ce détachement, et souvent l'exécution d'une pareille mission exige de sa part une hardiesse et une présence d'esprit extraordinaires.

Les militaires familiarisés avec le service de la cavalerie savent parfaitement combien de fois les ordres ne parviennent pas ou parviennent trop tard. L'estafette partant à une allure rapide, sur un terrain peu ou point connu, tourne à un croisement de chemins ; il peut arriver qu'elle ne rencontre pas le détachement désigné, et lorsqu'elle a reconnu son erreur, il est souvent trop tard pour la réparer. En pays étranger, où l'ignorance de la langue ne lui permet pas de se renseigner auprès des habitants, la remise de la dépêche en temps voulu est encore plus difficile. Il ne faut pas oublier, du reste, que la vitesse à laquelle se meut la cavalerie entraîne des modifications dans les phases des opérations ; celles-ci nécessitent des contre-ordres qu'il est presque impossible de faire parvenir; aussi est-on amené le plus souvent à des malentendus funestes. « Ordre — contre-ordre — désordre. » Quel cavalier n'a éprouvé ces mécomptes ?

f) Enfin, une des opérations les plus difficiles est celle de la concentration, pour des troupes de cavalerie marchant sur des routes différentes ; si cette concentration doit se faire en avant, l'ennemi n'aura pas de peine à les devancer sur ce point ; si elle doit s'opérer en arrière, non seulement elle affaiblira le moral de la troupe, mais encore elle offrira des difficultés d'exécution sérieuses lorsqu'on sera pressé par l'ennemi.

Il résulte de toutes ces considérations que, dans la plupart des cas, *une troupe de cavalerie séparée du gros n'arrivera pas à le rejoindre à temps* ; c'est d'ailleurs ce que confirme la pratique ; aussi, une cavalerie qui s'avance par plusieurs routes est exposée à être battue en détail.

Or, il est clair que par suite de certaines circonstances, le commandant de la cavalerie peut être conduit à diviser ses forces ; il est donc très important d'établir, d'une façon formelle, que cette division est souvent dangereuse et en général désavantageuse ; le fractionnement des forces n'est admissible qu'en cas de nécessité absolue.

La cavalerie doit appliquer d'une façon *rigoureuse et intelligente* le principe : *marcher en masse, pour combattre en masse.*

Ainsi, le corps de cavalerie opérant en avant du front d'une armée doit se mouvoir en ordre assez concentré, pour que le plus grand nombre de ses escadrons se trouvent dans la main et sous les yeux de leur chef ; plus la troupe comprendra de cavaliers réunis, plus elle aura de chances de succès. En même temps, avons-nous dit, ce même corps a pour mission d'éclairer la plus grande étendue possible de terrain ; cette obligation paraît, au premier abord, incompatible avec le besoin de marcher en ordre compact.

Effectivement, si le règlement d'infanterie prescrit pour le service d'exploration de disposer une ligne de patrouilles, *soutenue* en profondeur par un *système* de formations groupées de plus en plus fortes, cette manière d'opérer appliquée à la cavalerie l'expose à être battue en détail ; il est donc nécessaire de rechercher si la cavalerie ne pourrait pas *se mouvoir en masse* et en même temps *explorer largement* et *efficacement.*

Nous sommes ainsi amené à examiner quelles sont pour la cavalerie les meilleurs dispositifs et les meilleurs procédés d'exploration.

Pour résoudre cette question purement pratique, le moyen le plus rationnel est de choisir un exemple. Bornons-nous d'abord, pour plus de simplicité et de clarté, au cas d'un régiment à 6 escadrons.

Supposons que les adversaires (troupes de cavalerie) soient séparés l'un de l'autre par une distance de 2 à 3 journées de marche et même davantage, c'est-à-dire qu'aucune attaque immédiate ne soit à prévoir. Il s'agit de suivre les mouvements de l'ennemi et de déterminer, le plus exactement possible, sa force et ses emplacements.

Pour obtenir de pareils renseignements, le moyen pratique est d'avoir recours à de petites patrouilles volantes, composées d'hommes expérimentés, agiles, hardis et bien montés. Voici comment elles procéderont : elles s'approcheront de l'ennemi en se défilant de ses vues ; auront soin d'éviter le combat ; ne perdront pas de vue qu'une fois découvertes, elles ne tarderaient pas à se trouver en face d'un ennemi en nombre, capable de les envelopper ou de les repousser. La précaution recommandée par certains officiers d'avoir derrière les patrouilles volantes un escadron de soutien, suffira à peine pour écarter le danger. La patrouille volante lancée en avant, *à une grande distance* des troupes qui pourraient la soutenir *réellement,* ne peut réussir que si elle opère rapidement, en se dérobant aux vues de l'ennemi et en conservant une indépendance complète. En maintes circonstances, les patrouilles seront obligées de s'écarter de plusieurs verstes de la route principale qui conduit à l'ennemi : l'escadron de soutien n'étant pas capable avec ses propres forces de leur prêter un appui sérieux, limitera leur liberté d'action ; car pour conserver la possibilité de communiquer les renseignements à cet escadron, les patrouilles n'oseront pas trop s'en éloigner et, en cas de danger, chercheront à s'en rapprocher ; en d'autres termes, la présence de l'escadron de réserve diminuera l'autonomie des patrouilles volantes. La pratique démontre, d'une façon générale, que l'accomplissement d'une œuvre difficile exige deux choses : la responsabilité et l'indépendance. D'autre part, la présence d'une troupe aussi considérable qu'un escadron attirera très souvent l'attention de l'adversaire, ce qui compliquera inévitablement la tâche des patrouilles.

Ainsi, la réserve, loin de faciliter l'œuvre des patrouilles volantes, leur créera des difficultés. Trois cas pourront se présenter :

l'opération des patrouilles réussira, ou bien elles seront mises en fuite, ou bien encore elles seront enlevées.

Lors même que les informations fournies par elles seraient précises et complètes, le commandant de la colonne ne saurait prendre, à la suite de ces renseignements, de décision bien arrêtée. En effet, comme elles opèrent à une grande distance, il s'écoulera entre le moment où les renseignements seront expédiés et celui où l'ennemi s'approchera, un assez grand laps de temps pour que la situation ait pu se modifier. Voilà pourquoi le commandant de la colonne, décidé à attaquer l'ennemi ou à occuper une position déterminée, devra prendre d'autres mesures plus efficaces afin de recevoir en temps voulu des renseignements définitifs et précis sur l'ennemi. Ces mesures consisteront naturellement, et avant tout, à lancer des patrouilles ; leur nombre devra croître, à mesure qu'elles se rapprocheront de l'ennemi et que le besoin d'explorer se fera plus vivement sentir, jusqu'au moment de l'engagement décisif pendant lequel des patrouilles spéciales seront également chargées d'observer l'ennemi. Nous allons traiter cette question de l'exploration et des reconnaissances pendant la période qui précède la rencontre et pendant l'engagement lui-même.

Ainsi, les adversaires multiplient progressivement leurs patrouilles en avant de leurs fronts au fur et à mesure qu'ils se rapprochent l'un de l'autre ; le rôle de ces patrouilles sera double : reconnaître l'ennemi et l'empêcher lui-même de reconnaître. Des rencontres et des engagements se produiront entre les reconnaissances des deux partis ; aussi sera-t-il nécessaire de soutenir les petites patrouilles de découverte par des troupes plus importantes marchant en ordre compact ; sans quoi on exposera la ligne des petites patrouilles à être paralysée, mise en fuite ou même traversée par l'ennemi. Aussi a-t-on été conduit au système des *escadrons de découverte* se mouvant en avant du corps de cavalerie et destinés à soutenir leurs patrouilles.

On n'est pas d'accord sur les principes fondamentaux qui doivent régler l'action de ces escadrons : pour les uns, ces escadrons sont une sorte d'avant-garde appelée à soutenir la ligne des patrouilles, et à protéger le mouvement du gros des forces auquel ils doivent se joindre au moment de l'engagement ; pour les autres, ce sont de fortes patrouilles destinées à faciliter les opérations des petits détachements et à compléter les renseignements recueillis par eux. Autrement dit, dans le premier cas, les escadrons de découverte sont entièrement liés aux forces principales ; dans le second, ils en sont indépendants et toute leur attention est portée en avant, dans le but de se renseigner le plus exactement sur l'ennemi.

Cette distinction est, comme nous allons le voir, très importante dans la pratique. La façon d'opérer des escadrons de découverte et les résultats de leurs opérations diffèrent absolument, suivant que l'on adopte l'une ou l'autre manière de voir.

Pour plus de clarté, reportons-nous à l'exemple que nous avons choisi.

L'ennemi occupe (voir pl. n° 1), au moyen d'avant-postes, les hauteurs qui dominent au sud la rive droite du ruisseau Borissovka ainsi que le village A situé à cheval sur la grand'route. Pour mieux observer, la ligne de ses vedettes est disposée sur la lisière sud du village ; ses petits postes sont établis sur les toits des maisons et sur les sommets des hauteurs voisines. Un poste de soutien est placé sur la grand'route près du village, un autre en arrière du flanc gauche sur le chemin latéral, et le poste principal à 1 et demie verste en arrière du village. Des postes d'observation détachés[1] occupent un mamelon sur les hauteurs, à l'ouest du village, ainsi que la croupe qui domine sur le flanc gauche un terrain bas et marécageux (au confluent des cours d'eau). L'avant-garde, forte de 2 escadrons, est établie dans le château et le gros des forces, composé de 3 escadrons et d'une batterie à cheval, bivouaque près du village B.

Le corps assaillant, formé d'un régiment à 6 escadrons, s'avance par la grand'route, venant du sud ; à 5 verstes en avant de l'avant-garde[2], un escadron de découverte[3] ; à 1 verste en avant de lui, le

---

1. Envoyés de l'avant-garde.
2. Trois verstes suffisent, d'après certains auteurs.
3. Voir les troupes marquées par des traits pointillés.

détachement de tête ; celui-ci a détaché trois patrouilles qui fouillent le terrain à une verste de distance [1]. Sur les chemins latéraux, à quelques verstes d'intervalle, marchent des flanc-gardes à hauteur de l'escadron de découverte ; le gros des forces est à 3 verstes en arrière de l'avant-garde.

La patrouille de tête, refoulant les troupes peu importantes de l'adversaire, a traversé le bois, a gravi la hauteur sur la rive gauche de la Borissovka et a été reçue par quelques coups de fusil partis des maisons voisines du pont. Il est 10 heures du matin.

Le détachement de tête a entendu la fusillade ; il part au trot et rejoint sa patrouille. . . . . $10^h,5^m$

Le commandant de ce détachement se rend compte de la situation et du terrain ; il est informé par les patrouilles latérales que l'on voit sur le sommet des hauteurs, des deux côtés du village, une ligne d'avant-postes. On a aperçu quelques sentinelles sur les toits du village A. . . . . $10^h,10^m$

Il envoie une dépêche au commandant de l'escadron de découverte et prescrit aux patrouilles latérales de s'étendre à droite et à gauche pour mieux se renseigner sur les forces et les emplacements de l'adversaire. . . . . $10^h,15^m$

L'escadron de découverte rejoint le détachement de tête (2 verstes en 16 minutes). . . . . $10^h,16^m$

Disposer l'escadron à l'abri des coups de fusils, se rendre compte de la situation, exécuter une reconnaissance sommaire et lancer deux patrouilles sur les côtés : ces opérations prendront au moins 10 à 15 minutes . . . . $10^h,25$ à 30^m

Les patrouilles latérales s'écartent à 2 verstes de celle de tête ; elles rapportent qu'une ligne clairsemée de vedettes ennemies s'étend sur une longueur de 1 et demie verste à l'ouest et de 3 verstes à l'est du village. Les flanc-gardes annoncent que sur le mamelon isolé, à 2 ou 3 verstes à gauche du village, on voit un groupe de cavaliers, et qu'à droite, sur le sommet près du confluent des ruisseaux se trouve également un poste. . . . . $10^h,35^m$

---

1. Les patrouilles n'ont pas été figurées, pour conserver la clarté du dessin.

La fusillade est devenue plus vive au moment où la tête de l'escadron de découverte a apparu sur le sommet de la hauteur; aussi le commandant de l'escadron fait mettre pied à terre à deux pelotons pour obliger l'adversaire à démasquer ses forces [1]; la fusillade s'engage . . . . 10ʰ,40 à 45

La tête d'avant-garde apparaît à la sortie du bois (elle était à 5 verstes derrière l'escadron de découverte et a parcouru 6 verstes en 48 minutes); le commandant de l'avant-garde se porte au galop vers le détachement de tête pour se rendre compte de la situation [2]. 10ʰ,48ᵐ

Le feu de l'ennemi posté dans le village devient si nourri, que les pelotons à pied reçoivent l'ordre de ne pas se porter en avant; en revanche, deux pelotons de l'escadron de découverte sont désignés pour attaquer la chaîne des avant-postes ennemis, en contournant le village A par l'ouest 10ʰ,50ᵐ

Le demi-escadron envoyé franchit à gué le ruisseau (transmettre l'ordre et parcourir 2 verstes, 15 minutes) 11ʰ,5ᵐ

Il atteint le sommet des hauteurs sur la rive droite de la Borissovka après avoir repoussé les avant-postes ennemis. . 11ʰ,12ᵐ

A ce moment, le commandant du demi-escadron aperçoit une troupe massée (le poste principal) forte d'environ un demi-escadron, qui s'avance sur lui; il voit une estafette ennemie se dirigeant au galop vers le château, et au-dessus du parc près du château un nuage de poussière. Il arrête son demi-escadron et envoie une dépêche . . . . 11ʰ,15 à 20ᵐ

La tête du gros débouche du bois, sur la grand'route, après avoir franchi 9 verstes en 72 minutes. . . . . 11ʰ,12 à 15ᵐ

La dépêche du commandant du demi-escadron arrive à la grand'route. . . . . 11ʰ,20 à 25ᵐ

---

1. Il compte ainsi reconnaître les forces de l'adversaire dans le village et protéger en même temps l'avant-garde contre une attaque subite de l'ennemi.

2. Si l'escadron de découverte se trouvait à 3 verstes de l'avant-garde (ce qui, suivant certains auteurs, est une distance suffisante), sa tête se serait montrée près de la lisière du bois à 10ʰ,30 ou 35 minutes et les forces principales seraient arrivées en ce point avant 11 heures.

Ainsi, au bout de 48 minutes après le premier coup de fusil tiré, l'avant-garde est déjà réunie à sa patrouille de tête et une demi-heure plus tard, le gros aborde l'adversaire. Arrivée près du bois, l'avant-garde a rejoint son escadron de découverte en face de l'ennemi, elle s'est donc renforcée ; mais, en revanche, les renseignements recueillis par l'escadron de découverte se réduisent à bien peu de chose : on sait seulement : 1° que l'adversaire occupe le village A en forces qui paraissent assez considérables ; 2° que des deux côtés du village s'étend la ligne de ses vedettes et dont on a reconnu les flancs ; 3° que des cavaliers se sont montrés sur le mamelon à gauche du village et sur la croupe de droite près du confluent des ruisseaux ; il est probable que ce sont des postes d'observation. Quelques minutes après l'arrivée des forces principales, on apprend qu'une troupe en ordre serré, d'environ un demi-escadron, a apparu derrière le village A, et que du côté du château s'élève un nuage de poussière. Les forces de l'adversaire n'ont pas été reconnues, en voici la raison :

a) Toute la position de l'ennemi a été explorée, au début, par des patrouilles de faible importance, qui n'ont pu, nulle part, la pénétrer en profondeur ; le demi-escadron, après l'arrivée de l'avant-garde, a essayé le même mouvement, mais il a été arrêté aussitôt par l'ennemi, parce qu'il l'avait dirigé vers le centre de la position. On n'avait pas eu le temps de tenter cette opération vers l'un des flancs de l'adversaire ; en effet, la dépêche envoyée par le commandant du demi-escadron, aussitôt que la ligne des vedettes fut forcée, n'est parvenue sur la grand'route qu'après l'arrivée de la tête du gros. Or déployer cette dernière en face de l'ennemi, sans tenter immédiatement une action décisive, faute de renseignements suffisants, eût été se priver des conditions essentielles de succès de la cavalerie : la soudaineté de l'apparition et la rapidité des opérations.

b) Attaquer tout seul le village A, sans renseignements précis sur l'ennemi, eût été risqué et inutile de la part de l'escadron de découverte, parce que les soutiens (avant-garde) approchaient et n'étaient plus qu'à une ou deux verstes.

c) Cette circonstance jointe à l'obligation de protéger la tête d'avant-garde contre une attaque subite, n'a pas permis à l'escadron de découverte d'entreprendre un mouvement tournant qui eût pu le renseigner sur les forces que l'ennemi tenait en arrière de la ligne des vedettes. Le principal effort de son commandant a eu pour objet d'arrêter la marche en avant de l'adversaire, jusqu'à ce que l'avant-garde eût pris ses dispositions de combat.

Ainsi, le mouvement de l'avant-garde d'abord, de toute la colonne ensuite, a été arrêté faute de renseignements suffisants sur l'ennemi ; un tel arrêt n'est souvent pas justifié par la force numérique de l'adversaire ; lorsqu'il se produit à proximité de l'ennemi, il engendre le trouble, la précipitation et surtout une perte de temps, l'élément si précieux à la guerre et en particulier dans la cavalerie.

Examinons maintenant un autre ordre de marche du régiment de cavalerie : celui où l'escadron de découverte représente une sorte de forte patrouille, complètement indépendante de l'avant-garde.

Nous avons vu que le premier exemple a mis en lumière deux inconvénients essentiels du système d'exploration : 1° le temps est insuffisant pour recueillir les renseignements ; 2° l'escadron de découverte reste lié à la route suivie par la colonne, car il protège le mouvement de l'avant-garde.

Pour remédier à ces inconvénients, il convient de porter l'escadron de découverte plus en avant et de lui laisser une complète liberté d'action, sans l'astreindre à barrer à l'ennemi l'accès de la tête d'avant-garde ; en revanche, on le rendra entièrement responsable de tout *retard* apporté dans ses communications adressées au commandant de l'avant-garde, communications mentionnant l'apparition ou l'approche de l'ennemi.

Pour plus de clarté, supposons que l'ennemi occupe la même position que dans l'exemple précédent, mais que l'ordre de marche de l'assaillant soit modifié de la façon suivante :

ESC. DE DÉCOUV.

2

L'escadron de découverte est porté à 15 verstes en avant de la tête d'avant-garde [1].

Il lance un *peloton de reconnaissance* [2] à une distance de 5 verstes [3] ; ce dernier est précédé, à environ 1 verste, par une patrouille de tête, à hauteur de laquelle marchent des patrouilles latérales fouillant le terrain de part et d'autre de l'axe du mouvement. Il y a trois patrouilles de chaque côté, soit ensemble six : de plus, des flanqueurs suivent des voies latérales à 3 verstes de la route. L'escadron de découverte se garde à son tour, par une patrouille de tête et deux patrouilles latérales lancées à 1 verste en avant et sur les côtés ;

L'avant-garde des forces principales se meut en prenant également les mesures habituelles de sûreté, c'est-à-dire en envoyant des patrouilles, des détachements de tête et d'avant, etc., absolument comme si elle n'était pas précédée par l'escadron de découverte. Enfin, sur les chemins latéraux importants, marchent des flancs-gardes ou des patrouilles empruntées au détachement avancé [4].

Pour accélérer le service de correspondance entre l'escadron de découverte et l'avant-garde, on emprunte au détachement avancé un, deux et exceptionnellement trois postes de correspondance de campagne. Tous suivent la route principale, à une distance de 3 à 5 verstes l'un de l'autre, et à une distance égale de l'escadron de découverte et de la tête d'avant-garde [5].

Dans l'exemple choisi, nous supposons deux de ces postes.

Les dépêches expédiées de l'escadron de découverte sont dirigées sur le poste de correspondance mobile qui est en tête, puis transmises de poste en poste jusqu'à la tête d'avant-garde ; de là, elles sont portées au commandant de l'avant-garde. Les ordres envoyés de

---

1. Pour les faibles détachements, on peut prendre le chiffre de 10 verstes.

2. J'ai adopté cette dénomination pour définir nettement les obligations de ce groupe.

3. Cette distance peut être de 3 à 5 verstes.

4. Les flancs-gardes peuvent être remplacées par de simples patrouilles, eu égard à la distance de l'ennemi et à l'étendue du front de l'escadron assaillant.

5. Avec trois postes, les distances seraient successivement, à partir de l'escadron de découverte, 3, 3, 3 et 4 verstes jusqu'au détachement de tête. Pour deux postes, elles seraient de 4, 4 et 5 verstes. Dans le système de correspondance mobile, les postes extrêmes sont placés respectivement sous les ordres du commandant de l'escadron de découverte et de celui du détachement de tête.

l'avant-garde à l'escadron de découverte sont également transmis par la correspondance mobile. Les postes de correspondance marchent en observant les précautions de sûreté des faibles patrouilles. Ce détail a son importance dans le calcul des effectifs à attribuer aux postes mobiles.

Examinons maintenant la succession des opérations exécutées par tous ces échelons à mesure qu'ils approcheront de la position ennemie.

Nous admettrons dans le calcul des effectifs que les escadrons ont 14 files par peloton.

Comme dans l'exemple précédent, la patrouille de tête du peloton de reconnaissance a été arrêtée par le tir de l'ennemi posté dans le village A [1] . . . . à 10 heures du matin.

Le peloton de reconnaissance entendant la fusillade a pris le trot et a rejoint la patrouille. . . . . 10^h,15^m

L'ennemi le reçoit par un violent feu de mousqueterie.

Le chef du peloton, le lieutenant N..., se rend compte de la situation et apprend par les patrouilles latérales voisines, que l'on aperçoit sur les hauteurs, de part et d'autre du village, une ligne clairsemée de vedettes ennemies. . . . . 10^h,10^m

La fusillade intense partant du village fait supposer au lieutenant N... que l'attaque de front ne réussira pas à désorganiser l'ennemi; il opère donc de la façon suivante :

Il envoie les hommes qui viennent de le renseigner, porter aux patrouilles latérales l'ordre suivant : aux patrouilles de droite, de s'avancer jusqu'à la lisière du bois et d'y surveiller attentivement l'ennemi; aux patrouilles de gauche, d'agir de même en s'arrêtant sur la hauteur de la rive gauche du ruisseau ; aux unes et aux autres de rester en liaison constante avec la patrouille de tête, arrêtée sur la grand'route en face du petit pont.

Le chef du peloton de reconnaissance envoie une dépêche au commandant de l'escadron de découverte; il ordonne à sa patrouille

---

1. Les détails du mouvement sont indiqués sur la planche n° 1, ainsi que la décomposition des effectifs.

de tête de *rester sur la grand'route* et d'observer attentivement l'ennemi, de conserver la liaison avec les patrouilles latérales, de tenir le commandant de l'escadron de découverte au courant des événements et, en cas d'attaque, de se replier sur cet escadron en suivant la grand'route. Lui-même entreprend avec les 15 hommes [1] qui lui restent, de tourner le flanc gauche de la position ennemie.

Voici les raisons qui le portent à agir ainsi : 1° il désire reconnaître le bois qui s'étend en avant dans cette direction et qui n'a pu être suffisamment reconnu par les patrouilles latérales de droite ; 2° ce même bois couvrira parfaitement le mouvement du peloton de reconnaissance contre les vues de l'ennemi [2] ; 3° de la lisière du bois, il sera facile de tomber, s'il y a lieu, sur la ligne des vedettes.

Le peloton quitte rapidement la grand'route, dans la direction indiquée. Il franchit 3 verstes aux diverses allures et arrive à la sortie du bois sur le chemin qui rejoint la grand'route derrière le village A. Comme à partir de ce point il n'est plus possible de se mouvoir à couvert, le lieutenant N... s'élance à l'attaque de la ligne des vedettes pour la culbuter et reconnaître les derrières de l'ennemi 10h,45m

A peu près au même moment, l'escadron de découverte rejoint la patrouille de tête occupée à observer sur la grand'route les mouvements de l'ennemi (il a parcouru 6 verstes en 48 minutes). Sa patrouille de tête s'est déjà réunie à elle ; quant à ses patrouilles latérales, elles sont arrivées à hauteur des patrouilles latérales du peloton et occupent, *sans se joindre à elles*, les emplacements les plus favorables pour observer l'ennemi et pour maintenir la liaison le long de la ligne des patrouilles.

Sortant de la lisière du bois, le peloton de reconnaissance a franchi rapidement le ruisseau et refoulé l'aile gauche des avant-postes ennemis ; mais, arrivé sur le sommet des hauteurs de la rive droite, il a aperçu devant lui un peloton de cavalerie ennemi

---

1. Voir les effectifs, planche n° 1.

2. Auquel il est avantageux de faire supposer que devant son front et un peu plus tard devant son flanc apparaissent des groupes différents.

accouru pour soutenir ses avant-postes, puis derrière ce peloton, à environ 2 verstes, une troupe de cavalerie paraissant s'approcher du village A.

En outre, à droite, à environ 1 verste et demie, un groupe de cavaliers s'est montré sur le sommet de la hauteur; c'était probablement un poste d'observation ennemi.

Le chef du peloton de reconnaissance, ayant découvert le soutien des avant-postes ennemis, évite d'engager le combat et se replie sur la lisière du bois, qu'il atteint à. . . . . . 11 heures.

L'ennemi le poursuit jusqu'au ruisseau, puis se retire après avoir relevé ses propres vedettes.

Le lieutenant N... établit sur la lisière du bois un poste d'observation de 3 hommes; il reconstitue sa troupe à la hâte, envoie une dépêche au commandant de l'escadron de découverte et se décide à se porter en avant pour tourner le flanc de l'ennemi et reconnaître les forces qui se cachent derrière la ligne des vedettes. A ce moment il est rejoint par la deuxième patrouille latérale du peloton de reconnaissance, forte de 5 hommes; il lui prescrit d'observer le chemin, avec ordre, en cas d'attaque, d'en avertir la patrouille latérale voisine et de se retirer elle-même par le chemin à travers bois, *sans perdre le contact de l'ennemi.* Après une courte halte, le peloton de reconnaissance se porte, à travers bois, vers le poste d'observation ennemi. 11ʰ,5ᵐ

Revenons maintenant à l'escadron de découverte; son commandant l'ayant un peu devancé a examiné le terrain et la disposition de l'ennemi; il a reçu le rapport du commandant de la patrouille de tête, s'est rendu compte de la direction du mouvement du peloton de reconnaissance et a pris les dispositions suivantes:

1° Toutes les patrouilles chargées d'observer l'ennemi continueront cette surveillance et communiqueront le résultat de leurs observations à la patrouille de tête établie sur la route près du petit pont du village A.

2° Cette dernière patrouille, forte de 7 + 6 = 13 hommes[1], est

---

1. Ensemble des patrouilles de tête du peloton de reconnaissance et de l'escadron (voir la notice de la planche nᵒ 1).

placée sous les ordres d'un officier (ou d'un sous-officier intelligent) auquel il prescrit : *a*) d'observer l'ennemi sans se déplacer et de transmettre au commandant de l'avant-garde, par l'intermédiaire des postes de correspondance mobile, tous les renseignements qu'il pourra recueillir soit par lui-même, soit par les patrouilles latérales ou par le peloton de reconnaissance ; *b*) de rassembler près de lui les postes de correspondance mobile au fur et à mesure qu'ils arriveront.

3° Dans le cas où l'ennemi l'attaquerait en force, il se retirerait par la route, sur l'avant-garde, *sans perdre le contact de l'ennemi*.

Le commandant de l'escadron projette alors de tourner le flanc droit de l'ennemi et envoie prévenir le commandant de l'avant-garde de toutes les dispositions dont nous venons de parler. Il est informé par la seconde patrouille de droite que le peloton de reconnaissance a traversé le ruisseau, qu'il a gravi les hauteurs de la rive droite et s'est replié aussitôt qu'il a entendu la fusillade. Il se porte, avec 2 pelotons = 58 hommes[1], en côtoyant le versant sud des hauteurs de la rive gauche, vers le mamelon sur lequel s'est montré un poste isolé de l'ennemi . . . . $11^h,10^m$

L'escadron est prêt à commencer son mouvement, lorsque des cavaliers, envoyés par les patrouilles de gauche, arrivent au galop annoncer qu'une forte patrouille ennemie, d'environ un peloton, les a repoussées des hauteurs de la rive gauche et les presse dans la direction du petit bois. Le commandant oblique son demi-escadron à droite, et rencontre, près de la lisière du bois, les patrouilles en retraite ; il se déploie et marche à l'attaque du peloton ennemi qui descend de la colline ; celui-ci se replie dans la direction de la lisière est du village A et y pénètre bientôt. Le commandant de l'escadron continue son mouvement vers le mamelon, après avoir donné l'ordre aux patrouilles latérales de revenir aux dispositions précédentes.

Il reconnaît que ce monticule domine notablement le terrain

---

1. Voir la décomposition, planche n° 1.

environnant ; aussi se décide-t-il à enlever le piquet d'observation ennemi qui l'occupe ; l'opération réussit[1] à 11ʰ,50ᵐ

À l'attaque du monticule, la patrouille latérale, 1 sous-officier et 5 hommes, s'est jointe à l'escadron (58 + 6 = 64 hommes).

De ce point culminant on a observé ce qui suit : Le poste ennemi battu se repliait vers la grand'route dans la direction nord du village A ; la crête des hauteurs était occupée par la ligne des avant-postes ennemis s'étendant jusqu'au village A ; sur la route, des estafettes galopaient dans la direction du village ; et du côté du château, une troupe de cavalerie, d'environ un peloton, s'avançait rapidement vers ce même village. Le parc très vaste qui entoure le château ne permettait pas de voir ce qui se passait près du bâtiment même ; mais un faible nuage de poussière s'élevait au-dessus des arbres ; on a remarqué également qu'un cavalier du poste ennemi qui venait d'être refoulé est parti au galop dans la direction du village B.

Un mouvement s'opérait dans le village A ; mais il n'était pas possible, en raison de la distance, de distinguer ce qui s'y passait. Pour observer tous ces détails et rédiger un rapport au commandant de l'avant-garde, il a fallu 15 minutes.

Le commandant de l'escadron donne l'ordre à un officier de rester avec 10 hommes sur le mamelon, pour observer l'ennemi dans la direction des villages A et B et de communiquer les renseignements importants au commandant de l'avant-garde. Lui-même avec deux pelotons (54 hommes) se porte vers le château, pour reconnaître s'il est occupé par l'ennemi. Dans le cas où il ne le serait pas, ce mouvement obligerait l'ennemi à retirer ses avant-postes. Pour protéger son mouvement sur le flanc gauche, le commandant de l'escadron détache deux patrouilles, de 3 hommes chacune, en leur prescrivant d'atteindre le village B.

Il se porte ensuite vers le château avec ses 48 hommes restants 12ʰ,5ᵐ

---

1. Il a parcouru, en combattant, 4 verstes aux diverses allures, dans l'espace de 40 minutes.

Au bout de 2 verstes, il est obligé de s'arrêter, car du château viennent de sortir deux escadrons ennemis marchant à sa rencontre ; il en avertit aussitôt le commandant de l'avant-garde 12ʰ,25ᵐ

En même temps, on aperçoit sur la route des patrouilles ennemies sorties du village B ; les deux patrouilles volantes envoyées dans cette direction sont forcées de se replier ; une poussière s'élève au-dessus de ce village.

Comme le terrain, en cet endroit, ne présente pas de couverts et que l'ennemi poursuit sa marche en avant, le commandant de l'escadron se retire vers le mamelon, sans perdre le contact de l'adversaire. Celui-ci, voyant la retraite de l'escadron, le poursuit pendant 2 verstes, puis s'arrête à environ 1 verste et demie du village A, face au ruisseau. L'escadron arrive sur le mamelon. 12ʰ,45ᵐ

Pendant ce temps, l'avant-garde a atteint la lisière du bois, derrière le poste d'observation placé sur la grand'route, en face du village A 12ʰ,50ᵐ

La dépêche envoyée au commandant de l'escadron de découverte à 12ʰ,25ᵐ arrive sur la grand'route, après un parcours de 6 verstes et demie, à . . . . 1ʰ et un quart d'heure après, la tête du gros rejoint l'avant-garde 1ʰ,15ᵐ

Il nous reste à exposer les opérations du peloton de reconnaissance du lieutenant N... ; mais auparavant, examinons en détail un côté de la question. Il est intéressant, en effet, de suivre l'extension et le renforcement progressifs du service d'exploration, à mesure que le gros s'approche et l'accumulation des troupes du service de sûreté sur la route, près de la patrouille de tête du peloton de reconnaissance.

———

A 10 heures, les premières troupes qui se présentent en vue de l'ennemi, sont : sur la grand'route, 7 hommes, et sur le reste de l'étendue, large de 7 verstes, 6 patrouilles de 32 hommes (5×6 h. et 2 sous-officiers), ce qui représente une patrouille par 1,500 pas de front à observer.

A $10^h,40^m$, la patrouille de tête de l'escadron de découverte vient se réunir à la patrouille de tête, ce qui porte l'effectif à $7 + 6 = 13$ sabres. Au même moment, les deux patrouilles latérales de l'escadron de découverte arrivent sur la ligne des éclaireurs, ce qui augmente de 10 hommes la force numérique de cette ligne; elle s'élève donc à 42 sabres répartis en 8 patrouilles (sans compter la patrouille de tête). Une étendue de 7 verstes est explorée par 9 patrouilles, c'est-à-dire que chacune d'elles a de 1,100 à 1,200 pas de front à explorer. Le renforcement de la patrouille de tête continue.

A $11^h,20^m$. Le poste n° 1 de correspondance mobile vient s'y joindre, ce qui fait $13 + 7 = 20$ hommes.

A $11^h,55^m$. Le 2e poste de correspondance mobile s'y réunit, $20 + 7 = 27$ hommes [1].

A $12^h,30^m$. La patrouille de tête de la tête d'avant-garde arrive, $27 + 5 = 32$ hommes. Deux patrouilles latérales, de 3 hommes chacune, entrent en ligne, total 6 hommes.

A $12^h,38^m$. La patrouille de tête, sur la grand'route, est rejointe par la tête d'avant-garde; il s'y trouve ainsi $32 + 21 = 53$ hommes. Deux patrouilles du détachement avancé qui suivent les chemins latéraux arrivent sur les flancs de la ligne d'exploration; à raison de 6 hommes chacune, cela fait $42 + 6 + 12 = 60$ hommes.

A $12^h,47^m$. Le détachement avancé de l'avant-garde se joint à la patrouille de tête : $63 + 53 = 116$ hommes.

La ligne d'exploration se renforce par l'arrivée de deux nouvelles patrouilles latérales, de 3 hommes chacune, en tout 6 hommes.

A $12^h,50^m$. Quelques minutes après, apparaît l'avant-garde, 121 hommes (avec sa patrouille de tête). On a donc réuni sur la grand'route 237 sabres, soit à peu près 2 escadrons.

Arrivent encore deux patrouilles latérales de 3 hommes chacune, en tout 6 hommes. Ainsi, au moment de l'arrivée de l'avant-garde, il y aura de part et d'autre de la grand'route $60 + 6 + 6 = 72$

1. Sans tenir compte, bien entendu, des hommes qui emportent les dépêches.

hommes répartis en $9 + 2 + 2 + 2 + 2 = 17$ patrouilles de l'escadron de découverte, c'est-à-dire que chaque patrouille aura 620 pas à explorer[1].

En outre, le peloton de reconnaissance occupe la hauteur sur le flanc droit, et du bois, il observe, comme nous allons le voir, le château et le village B ; l'escadron de découverte, fort d'un demi-escadron, se tient sur le flanc gauche, sur le mamelon, prêt à détourner l'attention de l'ennemi et à distraire une partie de ses forces, ou à seconder directement le gros dans son attaque.

$1^h,15^m$. La tête du gros rejoint l'avant-garde.

Remarque. On admet que l'avant-garde et la tête du gros ont (y compris de courtes haltes) une vitesse moyenne de 7 verstes à l'heure, soit une verste en 8 minutes et demie. L'escadron de découverte parcourt 7 verstes et demie à l'heure, soit une verste en 8 minutes.

———

Examinons les opérations du peloton de reconnaissance qui, à $11^h,15^m$, a commencé son mouvement vers la hauteur située derrière le chemin et occupée par un poste d'observation ennemi. . . . . $11^h,5^m$

Le mouvement à travers bois a été lent ; le peloton a ensuite franchi le ruisseau et, fort de 15 hommes, il a attaqué le petit poste ennemi ; il l'a refoulé et poursuivi avec une partie de ses hommes dans la direction du château . . . . $11^h,25^m$

De la hauteur occupée par le peloton, on voyait des cavaliers galopant sur la grand'route, du château vers le village A ; le mouvement qui se produisait près du château portait à supposer qu'il était occupé par l'ennemi. Le terrain au nord du village A paraissant plat et découvert, à l'est il était bordé par un bois épais commençant à environ une verste de l'endroit où se trouvait le

———

1. Nous prenons ce chiffre moyen indépendamment des accidents de terrain ; dans la pratique, la ligne des patrouilles est plus dense au centre et moins dense sur les ailes, ce qui est une bonne disposition.

peloton de reconnaissance ; la pente est de cette hauteur permettait d'arriver, à couvert, jusqu'à la lisière de ce bois; aussi, le lieutenant N... laisse sur la hauteur un poste d'observation de 4 hommes, et, avec les 11 hommes restants, il se propose de descendre dans le ravin, de pénétrer dans le bois et de se porter en avant pour reconnaître ce qui se passe près du château. Il adresse une dépêche au commandant de l'avant-garde et prescrit aux hommes laissés sur la hauteur de faire transmettre par la ligne des patrouilles les plis qu'ils recevront de lui ; en cas d'attaque de la part de l'ennemi, ils ont ordre d'en informer le commandant de l'avant-garde et de se réunir à la patrouille latérale occupée, sur le chemin, à observer dans la direction du village B et au besoin de battre en retraite avec elle, en suivant ce chemin jusqu'au bois, sans perdre le contact de l'ennemi.

Le peloton de reconnaissance, ou plus exactement la patrouille formée du reste de ce peloton, se porte rapidement vers le ravin. 11ʰ,35ᵐ

Il y descend et atteint la lisière du bois 11ʰ,42ᵐ

Il est sur le point de pénétrer dans le bois, lorsque l'éclaireur le plus avancé vient annoncer la marche d'une patrouille ennemie de 6 hommes sur le chemin venant du château. Le commandant du peloton réunit rapidement ses hommes et les emmène dans un épais fourré où ils restent cachés, et lorsque les cavaliers ennemis ont contourné le ruisseau pour se diriger à droite, la troupe repart au trot par le même chemin, vers la lisière opposée du bois [1] 11ʰ,50ᵐ

Elle arrive à la lisière du bois du côté du château . . 12ʰ, 5ᵐ

De là, le lieutenant N... aperçoit deux escadrons ennemis lui tournant le dos, en mouvement entre le château et le village A ; à

---

1. Si, au lieu d'une patrouille de 6 hommes, on avait rencontré une colonne de cavalerie, le commandant du peloton de reconnaissance l'aurait laissée passer et aurait continué son mouvement en la faisant suivre par 2 ou 3 hommes qui ne l'auraient pas perdue de vue. C'est la règle que doivent toujours observer les troupes du service de sûreté. L'ennemi qui a pénétré à travers la ligne des patrouilles de découverte peut se trouver dans une situation très difficile, s'il est suivi par une troupe qui tient le gros des forces au courant des mouvements de l'ennemi.

l'ouest de la grand'route, devant le village B, il distingue un groupe d'environ un escadron, déployé en bataille, face au château.

Il envoie un des cavaliers les mieux montés porter une dépêche et laisse 4 hommes en observation près de la lisière du bois, avec ordre de l'informer de tout ce qui se passera et, en cas d'attaque, d'en avertir le poste de la hauteur sans perdre le contact de l'ennemi ; lui-même, avec les 6 hommes restants, se dirige à travers bois vers le village B et, après avoir parcouru une verste et demie, il atteint la lisière faisant face au village. . . . . . . 12^h,25^m

Voici ce qu'il aperçoit alors : En avant du village, un escadron est déployé en bataille, face au château, avec deux bouches à feu sur une de ses ailes ; un corps de cavalerie de 3 à 4 escadrons avec plusieurs pièces de canon, bivouaque derrière le ruisseau, près du village. Un grand mouvement règne dans le bivouac ; des cavaliers partent au galop vers le château et reviennent.

Le lieutenant N... envoie une dépêche en double expédition, l'une au trot et l'autre au galop, et prend le parti de rester à la lisière du bois avec ses 4 hommes pour observer l'ennemi. . . 12^h,35^m

Cette dépêche ne parvient à la grand'route (9 verstes) qu'à 1^h,20^m, c'est-à-dire au moment de l'arrivée du gros des forces . . 1^h,20^m

Ainsi, avant l'arrivée de l'avant-garde devant le village A, la situation était la suivante :

Sur la grand'route se trouvait un détachement d'observation assez important (patrouilles de tête, postes de correspondance, détachements de tête et de pointe), en tout 116 hommes ; à droite et à gauche s'étendait une ligne épaisse de patrouilles appuyant ses flancs aux deux hauteurs occupées sur la rive droite de la Borissovka par des fractions de l'escadron de découverte ; vers le château et le village B, le peloton de reconnaissance veillait dans le bois, et sur le mamelon (flanc droit de l'adversaire) se tenait l'escadron de découverte (demi-escadron).

En ce qui concerne l'ennemi, on savait :

1° Que sa ligne de vedettes occupe les hauteurs de la rive droite de la Borissovka ; 2° qu'une fraction massée occupe le village A ;

3° que derrière la ligne de vedettes se trouvent deux postes de soutien et un poste principal ; 4° que deux escadrons sont sortis du château ; 5° qu'enfin, du côté du village B, se trouvent des patrouilles (renseignements fournis par l'escadron de découverte) et que l'on y aperçoit de la poussière. On apprend encore, avant l'arrivée du gros, que devant le village B se trouve une troupe de cavaliers d'environ un escadron et, peu de temps après, qu'un bivouac de plusieurs escadrons, avec de l'artillerie, est établi près de ce village.

Maintenant on peut se poser cette question : Est-il préférable de faire porter l'escadron de découverte à 10 ou 15 verstes de l'avant-garde, en lui laissant toute liberté d'action, ou bien vaut-il mieux le faire marcher à 3 ou 5 verstes, en lui imposant l'obligation de protéger le mouvement de l'avant-garde ?

Comparons pour cela les deux exemples examinés plus haut, au point de vue : 1° de la *facilité de se procurer des renseignements* sur l'ennemi et sur le terrain ; 2° de la *protection du gros de la colonne*, contre les vues et attaques de l'ennemi.

La facilité avec laquelle l'escadron de découverte recueille les renseignements dépend de sa liberté d'action et du temps dont il dispose.

Dans le premier exemple, l'escadron de découverte constitue pour ainsi dire une avant-garde d'avant-garde. Il a charge, en cas d'attaque, de contenir l'ennemi à tout prix, pour donner à l'avant-garde le temps de prendre ses dispositions de combat. Cette mission l'oblige à rester sur la route principale que suit l'ennemi et à ne pas trop s'affaiblir par l'envoi de patrouilles. Il en résulte que le chef de l'escadron ne voit que ce que l'ennemi lui fait voir sur son front ; les petites patrouilles que l'escadron détache, trouveront rarement l'occasion de pénétrer derrière le rideau qui masque l'ennemi : en effet, elles sont trop faibles pour rompre la ligne des vedettes de l'adversaire ou pour lutter contre ses patrouilles, qui à l'approche de l'escadron ne manqueront pas d'être plus nombreuses, plus actives et plus attentives que d'ordinaire ; de plus, sentant la proximité de leur propre escadron de découverte, elles chercheront à conserver leur ligne de retraite vers cet escadron. Si une de ces patrouilles réussit à se porter en arrière de la ligne d'exploration de l'ennemi, elle se trouvera, le plus souvent, isolée de son escadron ; incapable de repasser de vive force à travers cette ligne, elle sera obligée de porter ses renseignements par un chemin détourné ; de là, un retard dans la transmission de ces informations au commandant de la colonne. Les renseignements seront sinon complètement inutiles, du moins de peu d'utilité.

Il faut également tenir compte de la nature humaine. Il s'en faut de beaucoup que tous les hommes puissent, dans une circonstance donnée, faire de leur propre mouvement, *tout* ce dont ils sont *capables* ; cela est surtout vrai lorsque la situation engage la responsabilité, qu'elle est pleine de dangers et exige un effort physique et moral ; quant à ceux qui mettent leur amour-propre à courir au-devant du danger, ils sont encore plus rares. On rencontre même, malheureusement, des hommes qui préféreront la tranquillité et la sécurité, dussent-elles avoir pour l'œuvre commune des conséquences fatales ; qu'on les appelle à se justifier, ils déclareront avoir fait tous leurs efforts et déclineront toute responsabilité.

Appliquons cette remarque à notre exemple.

Le commandant de l'escadron de découverte qui n'aura pas pris, avant l'arrivée de l'avant-garde, les dispositions énergiques que nécessite l'exploration, pourra prétexter l'obligation qui lui est imposée de couvrir cette avant-garde. Celle-ci le suit en effet à une distance de 3 à 5 verstes, elle peut arriver d'un moment à l'autre ; or, il est clair que les renseignements que l'escadron de découverte pourrait recueillir par des moyens énergiques, tels que attaque ou mouvement tournant, feront perdre du temps. Il a donc avantage à se réunir à l'avant-garde : il se soustrait ainsi, dans une certaine mesure, au danger et peut faire retomber toute la responsabilité sur le commandant le plus ancien.

Il n'en est pas de même lorsque l'escadron de découverte est détaché à une grande distance et que son commandant est tenu de fournir à l'avant-garde, *en temps utile*, les renseignements les plus complets sur l'ennemi et sur la configuration du terrain, sans être astreint à couvrir l'avant-garde, à contenir l'adversaire, etc. Le commandant de cet escadron est absolument libre de ses mouvements ; il peut quitter la route, s'en écarter dans n'importe quelle direction et aussi loin qu'il le juge nécessaire ; il n'a ni derrières, ni flancs ; il n'est pas forcé de prendre part au combat du gros contre l'ennemi ; son seul devoir est : *explorer* et *informer à temps* ; aussi lui laisse-t-on une entière liberté d'action et lui donne-t-on une troupe fortement constituée, un escadron entier. Les petites patrouilles ennemies n'arriveront pas à gêner ses mouvements ; il obligera l'adversaire qui chercherait à le repousser, à porter en avant ses colonnes, c'est-à-dire à démasquer ses forces et ses emplacements. Le commandant de l'escadron n'aura pas de prétextes pour justifier son inaction : « On t'a imposé une tâche, mais on t'a donné les moyens de l'accomplir. On t'a laissé toute liberté d'action, tu es donc entièrement responsable des événements. » La pratique de la vie démontre qu'une telle manière d'opérer conduit toujours aux meilleurs résultats. Dans ces conditions, un homme énergique et consciencieux peut quelquefois trouver la tâche pénible ; mais un sentiment élève son âme : celui de savoir que le succès dépend de lui seul. La conscience du devoir et de la responsabilité, exaltée par un amour-propre légitime, le rend capable de très grands efforts ; il accomplit sa mission de gaieté de cœur. Le militaire sent, en outre, qu'il sera jugé par son corps et que des milliers de gens le suivent par la pensée. Il jaillira alors dans son cœur cette étincelle qui pousse les hommes à se sacrifier pour l'intérêt commun, pour une idée. Ceux qui ont eu des batailles savent avec quelle intensité cette étincelle se communique aux subordonnés : avec deux ou trois paroles dites chaleureusement, avec l'exemple donné par soi-même, on peut demander à la troupe ce que l'on veut ; elle ne vous refusera rien.

L'homme, même dépourvu d'amour-propre, est capable de grandes actions, lorsqu'avec la tâche qu'on lui impose, on lui donne les moyens et l'autorité nécessaires à son accomplissement.

En ce qui concerne le commandant de l'escadron de découverte, on pourra objecter ceci : si l'on distrait du combat tout ou partie de l'escadron, les forces principales s'en trouveront affaiblies.

Cette observation n'est pas fondée, car l'obligation de communiquer au gros, *en temps opportun*, des renseignements sur l'ennemi, ne permettra pas, généralement, au commandant de l'escadron de trop s'éloigner des forces principales ; il pourra prendre part à l'action, bien qu'il ne se trouve pas en liaison directe avec le gros ; dans tous les cas, la présence, à proximité du champ de bataille, d'une troupe en ordre compact pouvant surgir sur les derrières ou sur les flancs, obligera l'ennemi à détacher contre elle des forces au moins égales ; le plus souvent, ces troupes seront beaucoup plus nombreuses parce que l'ennemi ignorera, en général, si l'escadron ne cache pas derrière lui d'autres troupes ou s'il ne masque pas quelque mouvement inattendu.

Remarquons encore que le peloton de reconnaissance détaché en avant (quelquefois sur les flancs) par l'escadron de découverte, doit également jouir d'une indépendance absolue par rapport à son escadron ; s'il opère, comme dans notre exemple, dans une direction différente de ce dernier, il rendra compte directement au commandant de l'avant-garde de la colonne.

Comparons maintenant les deux procédés d'exploration au point de vue de la distance qui sépare l'escadron de découverte de l'avant-garde.

Il est évident que faire marcher l'escadron de découverte à 3 verstes en avant, revient tout simplement à lui faire jouer le rôle des détachements de tête et de pointe, définis par le règlement, qui, concurremment avec la patrouille de tête, explorent le terrain sur cette même étendue de 3 verstes ; aussi, avons-nous adopté, dans notre exemple, la distance de 5 verstes. Ces 5 verstes sont franchies, en alternant les allures, dans l'espace de 40 à 45 minutes ; l'escadron de découverte réussira tout au plus à renseigner sur ce qui se passe sur son front ; quant à reconnaître l'ennemi, dans le sens de la profondeur, il n'en aura pas le temps, car la disposition qui consiste à arrêter le gros à proximité de l'ennemi, pour attendre des renseignements plus complets, est incompatible avec l'esprit de la cavalerie et préjudiciable à son action. Voilà pourquoi il paraît indispensable d'augmenter cette distance. Mais quelle limite assigner à cette augmentation ? La tactique se charge de répondre à cette question : il suffit de considérer l'escadron de découverte comme une *forte reconnaissance*.

Supposons que l'escadron de découverte soit tellement avancé qu'il cesse d'être en liaison avec le gros des forces. Arrivé en présence de l'ennemi, les renseignements qu'il enverra mettront beaucoup de temps à parvenir jusqu'au gros ; de plus, le gros mettra un certain temps pour s'approcher de l'adversaire, aussi, au moment de l'engagement, la situation de l'ennemi pourra s'être complètement modifiée et les renseignements fournis par l'escadron de découverte, loin d'être utiles, pourront lui être nuisibles. Compter que l'escadron de découverte pourra se maintenir un certain temps assez près du gros des forces ennemies pour fournir sur lui, d'une façon continue, des renseignements précis, serait une spéculation dangereuse ; l'ennemi s'apercevant qu'il a devant lui un escadron sans soutien, n'aura pas de peine à le refouler et à lui cacher ses mouvements. Dans notre exemple, l'adversaire envoie deux escadrons contre les deux pelotons de l'escadron de découverte et refoule les patrouilles que celui-ci a lancées vers le village B ; s'il n'enlève pas ensuite le mamelon situé sur son flanc droit, cela tient aux craintes que lui inspirent l'augmentation non interrompue des forces du poste d'observation ennemi sur la grand'route près du village A et le renforcement du nombre des patrouilles devant toute l'étendue de sa ligne de vedettes. En d'autres termes, le corps assaillant doit faire coïncider son entrée en action avec le moment où son escadron de découverte a terminé sa reconnaissance.

La pratique aussi bien que le calcul démontrent que si la colonne fait environ 7 verstes à l'heure, la distance entre l'escadron de découverte et la tête de l'avant-garde ne doit pas descendre au-dessous de 10 verstes ni dépasser 15 verstes ; il ne faut, d'ailleurs, pas oublier que le détachement de tête et d'avant, ainsi que leurs patrouilles, occupent une partie de cet espace. Dans l'exemple que nous avons choisi ; cette distance est de 15 verstes jusqu'à la tête de l'avant-garde et de 12 verstes jusqu'à son détachement de tête.

Sur un terrain couvert, permettant de cacher pendant quelque temps, aux vues de l'ennemi, la direction et la composition de l'escadron de découverte et présentant des difficultés de reconnaissance, la distance entre l'escadron de découverte et l'avant-garde doit être plus grande que sur un terrain découvert. De même, si la colonne se meut lentement (5 verstes par heure), l'escadron de découverte ne devra pas être éloigné de plus de 10 verstes, sans quoi il se trouverait isolé et pourrait être repoussé jusque sur le gros.

Examinons maintenant lequel des deux systèmes convient le mieux au point de vue de la protection de la colonne.

Nous avons vu que l'ennemi établi dans le village A se tient sur la défensive [1]. On peut admettre que la situation venant à se compliquer, il a pris l'offensive avec tout ou partie de ses troupes et a forcé la ligne flottante des patrouilles de l'escadron de découverte. Il peut par cela même arriver que l'adversaire a porté également son escadron de découverte en avant.

Dans la première hypothèse, celle où l'escadron de découverte forme pour ainsi dire l'avant-garde d'avant-garde, l'ennemi, après avoir percé la ligne des patrouilles, atteindra l'avant-garde, s'il agit rapidement et énergiquement, après un parcours de 3 à 4 verstes ; c'est à peine si, à ce moment, la nouvelle de cette irruption sera arrivée à l'avant-garde. Supposer que l'escadron est capable de *contenir* un ennemi en force, sur la grand'route principale, est une hypothèse absolument gratuite ; si le choc a lieu par un chemin latéral, la chose sera presque impossible ; d'autre part, les courtes distances seront vite franchies par des troupes en ordre concentré, et les estafettes chargées d'annoncer l'apparition de ces troupes ne les devanceront pas suffisamment.

Lorsqu'au contraire l'escadron de découverte est lancé au loin,

---

1. Cette hypothèse a été admise dans notre exemple, pour exposer plus clairement les opérations de l'escadron de découverte. Il se présente d'ailleurs des cas analogues dans la pratique.

il est encore plus facile de le bousculer; mais alors l'adversaire qui veut atteindre le gros des forces, doit continuer son mouvement avec *vigueur* et *rapidité* jusqu'à ce qu'il rencontre l'avant-garde, c'est-à-dire pendant un parcours de 10 à 15 verstes. Cette distance peut être franchie très vite par l'estafette, surtout si l'on emploie la correspondance mobile de campagne ; au contraire, la troupe en ordre serré qui voudra conserver ses forces pour le combat, parcourra cet espace avec lenteur et circonspection, car son chef ignorera l'endroit où se trouve l'ennemi ; il devra par suite le chercher, et il se livrera à cette recherche sans oublier qu'il a laissé derrière lui des forces ennemies dont il n'est pas toujours capable d'estimer l'importance numérique.

Dans ces conditions, le forcement des premières lignes n'est pas un fait bien grave; le gros de l'assaillant, informé à temps de ce mouvement, aura tout le loisir de prendre ses dispositions de combat ; cette dernière opération sera d'autant plus facile que l'escadron de découverte pourra, après avoir été repoussé, s'attacher aux traces de l'ennemi et prévenir le gros de ses moindres mouvements ; la situation de l'ennemi sera ainsi rendue très difficile. Dans la lutte entre les deux escadrons de découverte, la supériorité restera donc à celui qui sera le plus habile, le plus adroit et le plus mobile ; de là l'utilité d'exercer en temps de paix la troupe dans ce sens.

Encore une observation : on voit, d'après le tableau que nous venons de tracer, combien est grande la fatigue physique imposée aux hommes et aux chevaux de l'escadron de découverte. On peut se demander si les services rendus par l'escadron sont en proportion des pertes que subissent ses effectifs.

Pour répondre à cette question, nous devons comparer les conditions dans lesquelles se meuvent l'avant-garde et le gros, lorsque l'escadron de découverte constitue l'avant-garde de l'avant-garde, avec celles où cet escadron est, si l'on peut s'exprimer ainsi, un escadron volant.

Dans le premier cas, aussitôt que l'ennemi est signalé, l'attention est éveillée dans toute la colonne ; on renforce le service de sûreté, toutes les dispositions de combat sont prises, tout le monde s'attend à voir apparaître l'ennemi d'un moment à l'autre ; cet état de tension s'accroît à chaque pas et dure quelquefois toute la journée, et si la rencontre n'a pas lieu, il se continue encore le lendemain, etc. Quiconque a été témoin d'événements militaires ou de simples manœuvres sait combien les dispositions de ce genre fatiguent rapidement les hommes ; si cet état se prolonge trop longtemps, il finit par émousser leur attention et leur intelligence.

Il en est tout autrement lorsque l'on a un escadron à 15 verstes, en avant. On sait, dans la colonne, qu'il a rencontré l'ennemi ; les renseignements transmis en font foi, mais personne n'ignore que cette rencontre s'est produite à environ une demi-journée de distance ; aussi, les communications que l'on reçoit ne jettent pas l'alarme mais excitent la curiosité ; les troupes se meuvent avec calme ; on peut accélérer le mouvement des forces principales et même de l'avant-garde ; les patrouilles de tête, les flanc-gardes ainsi que les éclaireurs seuls doivent veiller constamment. Les hommes se fatiguent peu dans la colonne, et les esprits pleins de confiance et de fierté ont le sentiment « qu'on fait son devoir », condition essentielle de succès.

L'expérience a démontré que les troupes qui ont accompli une marche dans ces conditions, s'y remettent très volontiers ; il est donc à supposer qu'au point de vue des difficultés, elle diffère peu des marches du temps de paix.

La tâche de l'escadron de découverte est lourde, celle des autres troupes est légère ; le lendemain, on le remplace, et il peut, à son tour, jouir du repos.

Est-il nécessaire d'ajouter que si les colonnes de cavalerie sont obligées de suivre plusieurs routes, leur concentration en vue du combat se fera au moment voulu et avec une protection meilleure, lorsque les escadrons de découverte seront portés au loin.

Il semble que j'ai assez clairement démontré les avantages que l'on obtient en lançant l'escadron de découverte à une distance considérable et en le chargeant exclusivement d'explorer et non de contenir l'ennemi.

Il me reste encore à traiter une question très importante. L'escadron de découverte ne peut évidemment se borner à reconnaître les abords de la route qu'il suit ; le terrain des opérations, celui de la cavalerie en particulier, est très étendu, et ce procédé d'exploration n'aurait aucune valeur. Plus l'espace exploré sera étendu de chaque côté de la route suivie par l'escadron de découverte, plus la protection assurée au gros sera sérieuse ; mais, en même temps, les moyens dont l'escadron disposera pour une reconnaissance vigoureuse se trouveront par là plus restreints ; or, le succès de la reconnaissance exige souvent que l'escadron puisse prêter appui à ses patrouilles et s'écarter de sa direction ; cet appui sera efficace en raison du nombre des combattants qui se trouveront dans les rangs de l'escadron, nombre qui s'épuise rapidement par l'envoi de patrouilles. Toutes ces considérations nous conduisent à examiner comment doit être organisé le service de l'escadron de découverte.

Organisation du service de l'escadron de découverte.

On conçoit aisément qu'il n'est pas possible de déterminer pour l'escadron de découverte, un ordre normal de marche qui convienne à tous les cas ; il est cependant bon de poser les principes qui doivent servir de guide en pareille matière.

Que demande-t-on à l'escadron de découverte ?

1° De reconnaître une grande largeur de terrain et de communiquer à l'avant-garde, en temps opportun, les renseignements recueillis.

2° De soutenir les reconnaissances, afin de leur permettre d'atteindre le but là où leurs propres ressources seraient insuffisantes.

Cette double mission rappelle celle que l'on confie ordinairement à l'avant-garde ; l'analogie du but conduit à l'analogie des moyens à employer. L'avant-garde détache des patrouilles en profondeur et les soutient par des détachements de tête et d'avant ; or, tant qu'il n'a pas rencontré l'ennemi, l'escadron de découverte se trouve dans des conditions semblables à celles de l'avant-garde ; il lancera donc des patrouilles et les soutiendra par des détachements avancés. La différence résidera en ce que la tête de l'avant-garde en est une sorte d'avant-garde, tandis que le détachement lancé par l'escadron de découverte a uniquement pour objet de reconnaître ; il est obligé non de protéger cet escadron mais de le renseigner *à temps* sur l'approche de l'ennemi ; autrement dit, il joue par rapport à l'escadron de découverte le rôle de celui-ci par rapport à l'avant-garde.

Voici une autre différence. Le devoir principal de l'avant-garde est de combattre pour protéger le gros, qui la suit à petite distance ; l'escadron de découverte ne combat que pour faciliter l'exploration. Dans tout autre cas, les escadrons de découverte doivent absolument exclure le combat de leur tactique ; un échec, ou souvent même un succès les entraînant à la poursuite de l'ennemi, nuiront à l'œuvre essentielle qui est : *explorer* et renseigner *à temps*. L'escadron de découverte aura à intervenir activement, lorsque l'ennemi, en particulier sur un terrain découvert, essaiera d'arrêter le mouvement des patrouilles au moyen de forces plus importantes, ou que l'escadron se heurtera sur un ennemi en station, ayant disposé, pour se garder, des avant-postes, des postes d'observation isolés, etc. Opérer un mouvement enveloppant pour tourner ces avant-postes, est chose impossible ; en effet, les renseignements recueillis par cette voie feront perdre du temps[1], or le moment est proche où l'escadron aura besoin de ses forces pour écarter les obstacles et ouvrir un chemin libre à ses patrouilles. Pour peu que les cavaliers ennemis battus reçoivent des renforts pour soutenir la lutte contre l'escadron de découverte, celui-ci aura atteint son but, car l'ennemi aura démasqué ses positions. L'escadron commettrait d'ailleurs une faute énorme s'il s'engageait dans cette lutte, car ses soutiens seront ordinairement plus éloignés que les réserves de l'adversaire.

Les soutiens des patrouilles doivent donc se mouvoir suivant les directions où ils ont des chances de rencontrer l'ennemi. Dans la sphère d'action de l'escadron de découverte, il peut exister non

---

1. A ce point de vue, il y a lieu d'établir une distinction fondamentale entre le service des patrouilles volantes et celui des escadrons de découverte.

pas une, mais deux et même quelquefois trois de ces directions ;
aussi devra-t-on envoyer des soutiens de patrouilles dans chacune
d'elles, et comme il n'est pas toujours possible de définir à l'avance
quelle est la principale de ces directions, on sera obligé de renforcer, après coup, les reconnaissances dans telle ou telle direction ;
j'en conclus qu'il est indispensable d'établir une réserve générale de
la ligne d'exploration.

C'est ce qui explique la formation la plus simple et la plus pratique de l'escadron de découverte ; formation sur trois lignes :
patrouilles, soutien en ordre compact et *réservé.* Si, au début des opérations, il y a nécessité d'explorer deux directions principales, la
deuxième ligne comprendra deux soutiens ; la réserve suivra la
plus importante des deux directions. Enfin, si le nombre des directions principales est plus considérable, on supprimera la réserve,
les patrouilles seront suivies par une ligne unique de soutiens ;
toutefois cette disposition est à éviter.

Étudions maintenant chacune de ces lignes en particulier.

Patrouilles.

Le rôle de la patrouille est de voir beaucoup et de renseigner à
temps ; dans l'intérêt général, elle doit éviter le combat, à moins
qu'elle n'y soit absolument forcée pour sa propre défense. Pour voir
beaucoup il faut marcher en ordre dispersé, et comme on doit éviter
d'en venir aux mains, il n'y a pas lieu de fractionner la patrouille
en groupe d'exploration et réserve. Le chef de patrouille suit ordinairement la direction principale (chemin) ; il est accompagné par
un ou plusieurs hommes chargés d'observer certains points du terrain (couverts), de porter les dépêches et de transmettre les ordres
aux hommes disséminés sur le front. Il vaut mieux, si les effectifs le permettent, envoyer en avant et sur les flancs, non pas des
hommes isolés, mais des éclaireurs doubles : quatre yeux verront
mieux que deux, les hommes marcheront plus hardiment à deux,
et chose importante, s'ils aperçoivent l'ennemi, l'un d'eux ne le
quittera pas des yeux, tandis que l'autre partira en informer son

chef. C'est ainsi qu'on applique cette règle essentielle du service des patrouilles ; ne jamais perdre de vue l'ennemi qu'on a découvert : c'est également ainsi qu'on se conforme aux prescriptions du service de garnison relatives aux factionnaires : « *Si l'ennemi aperçu par une patrouille vient se constituer prisonnier, elle le garde, quoi qu'il arrive, de jour et de nuit, jusqu'à ce qu'elle ait été relevée.* »

Du moment que les patrouilles ne doivent pas comporter de réserve, elles n'ont pas besoin non plus d'arrière-garde ; les petites patrouilles détachées à l'arrière sont inutiles. Les patrouilles d'officiers, dans lesquelles le noyau comprend un assez grand nombre d'hommes, peuvent seules se garder par une patrouille à l'arrière. Du reste, les effectifs considérables ne sont admissibles que pour les patrouilles qui agissent avec une complète indépendance ; c'est ce qui a lieu pour les patrouilles volantes : elles peuvent se trouver isolément aux prises avec de faibles partis ennemis ; il peut être utile de les partager, pendant la route, en deux ou plusieurs fractions ; enfin, par suite de l'éloignement des forces principales, on peut avoir besoin d'un personnel plus nombreux pour porter les dépêches. Dans toute autre circonstance, il est préférable de conserver tous les hommes en trop, auprès des soutiens ; le chiffre des hommes envoyés en reconnaissance pour chercher la trace de l'adversaire et assurer *autant que possible* la liaison avec les patrouilles voisines, doit être réduit au strict nécessaire.

L'application pratique de ces principes est indiquée d'une façon approximative sur la planche VI, qui donne la subdivision des patrouilles d'effectifs divers.

Parmi ces différents types de patrouilles, le plus efficace est celui composé de 5 hommes. Cette disposition permet une large exploration du terrain et laisse un homme disponible pour le service d'estafette. Une telle patrouille peut, même en terrain coupé, prendre des intervalles de 600 pas, en conservant comme distance entre les cavaliers 300 pas ; elle pourra ainsi explorer suffisamment le terrain, sans rompre la liaison de ses divers éléments. La traversée d'un bois épais ou de hautes broussailles obligera seule à rapprocher les hommes.

Supposons maintenant (voir planche VII, *a*) que deux patrouilles, de 5 hommes chacune, suivent deux chemins parallèles, séparés l'un de l'autre par un intervalle de 1 verste ou 1,500 pas ; l'intervalle compris entre les hommes de flanc intérieurs sera de 1,500 — (300 + 300) = 900 pas ; chacun d'eux aura donc à observer latéralement 450 pas et à voir *autant que possible* le cavalier de flanc de la patrouille voisine, de façon qu'aucun détail important ne puisse échapper à l'attention des patrouilles, dans l'intervalle qui s'étend entre elles. Il va sans dire que si le mouvement est rapide et le terrain accidenté, il pourra arriver, ce qui se produit dans la pratique, que les deux patrouilles perdent leur liaison ; quelque système d'exploration que l'on adopte, cet inconvénient ne peut être complètement évité ; on en atténuera les conséquences par des exercices pratiqués en temps de paix et par certaines mesures dont il est parlé plus loin.

Si l'on suppose qu'après toutes les dispositions prises, il doive rester encore un homme dont le chef de patrouille puisse se servir pour reconnaître certains points du terrain, *une patrouille de 5 hommes suffira, sur un terrain moyennement coupé, pour explorer un front d'une verste.* Sur un terrain très coupé et couvert, il y aura lieu de détacher, à titre temporaire, des patrouilles de deux ou trois hommes dans les intervalles ; sinon, chaque patrouille mettra tous ses hommes en ligne (voir planche VII, *b*) : dans ce dernier cas, en supposant que l'intervalle entre les hommes isolés soit de 150 pas, la patrouille se déploiera sur une largeur de 600 pas et pourra explorer une étendue de 900 pas. Un intervalle de 600 pas entre les patrouilles n'excédera pas, en général, leur horizon visible ; bien qu'il ne permette pas de voir convenablement le terrain, il faudra l'admettre comme un écartement nécessaire.

La liaison entre les différentes patrouilles de toute la ligne ainsi que l'exploration des intervalles est assurée, en grande partie, par une organisation régulière du service de correspondance. La transmission des renseignements doit se faire le long de la ligne, en allant de patrouille en patrouille jusqu'au chemin suivi par le soutien des patrouilles et par la réserve de l'escadron de découverte.

Avec cette manière d'opérer, il n'y aura pas de perte de temps, car les hommes ayant de faibles distances à parcourir, se transporteront plus rapidement ; de plus, ce procédé présente les avantages suivants : 1° les patrouilles ne restent pas longtemps privées de leur personnel[1] ; 2° chaque fois qu'un renseignement sera transmis dans le sens de la ligne, le terrain entre les patrouilles voisines sera exploré deux fois, et la liaison entre elles se trouvera ainsi établie ; 3° en terrain coupé, il est très difficile de parcourir d'une seule traite plusieurs verstes ; la dépêche envoyée sur la ligne des patrouilles ne s'égarera donc pas aussi facilement. Il est bien entendu que si la liaison entre les patrouilles est rompue, c'est-à-dire si les deux hommes de flanc voisins se sont perdus de vue pendant un certain temps, l'homme envoyé pour porter le renseignement, va droit à destination ou jusqu'à ce qu'il rencontre une des autres patrouilles de la ligne.

Soutien de la ligne des patrouilles ou peloton de reconnaissance.

Il doit marcher dans la direction (chemin) où il a le plus de chances de rencontrer l'adversaire. Le soutien reste intimement lié avec les patrouilles les plus rapprochées ; parmi celles-ci, la patrouille de tête qui marche en avant de lui dans la direction principale, doit être un peu plus forte que les autres, pour mieux explorer les parties couvertes du terrain et protéger le soutien contre une attaque imprévue.

Il est d'autant plus important de soutenir, en cas d'attaque, la patrouille de tête que celle-ci constitue pour ainsi dire la maille directrice de la chaîne des patrouilles. La proximité du peloton de reconnaissance empêchera des postes ennemis de faible importance d'arrêter constamment le mouvement de cette patrouille ; la distance entre la patrouille de tête et le soutien devra être d'environ 1 verste ; sur un terrain complètement découvert, elle pourra être portée à 2 verstes.

---

1. Ce qui permet de leur affecter un effectif moindre.

Le renforcement de la patrouille de tête ne nuira pas au soutien, car en cas d'approche de l'ennemi, ces deux groupes ne manqueront généralement pas, dès le début, de se réunir l'un à l'autre.

L'officier qui commande le peloton de reconnaissance doit être le maître absolu de toute la ligne des patrouilles ; c'est lui qui centralise tous les rapports, tant qu'il se trouve sur la principale artère du mouvement. A cet effet, toutes les patrouilles partent du peloton de reconnaissance ; son effectif doit être renforcé en conséquence.

Pour être en état de remplir sa mission, le peloton de reconnaissance doit, après qu'il a formé les patrouilles, compter au moins 15 hommes, car la transmission des renseignements et l'organisation des postes chargés d'observer l'ennemi lui enlèveront un personnel nombreux.

La composition pourra être la suivante :

Patrouille de tête. . . . .   7 hommes.
Six patrouilles sur la ligne, à 5 hommes chacune
   (y compris les sous-officiers des patrouilles
   des ailes).   32   —
Soutien en ordre serré   15   —
               Total. . . . . .   54 hommes.

Un peloton à 14 files comprend 28 hommes.

Les 26 hommes qui manquent doivent être fournis par l'escadron de découverte. Il y a intérêt à avoir le plus de sous-officiers possible parmi ces 26 hommes, parce que pour conduire une patrouille, il faut généralement un homme expérimenté ; dans tous les cas, la patrouille de tête et celles des ailes doivent être commandées par des sous-officiers (voir la décomposition planche n° I).

Réserve générale.

Tous les hommes restants de l'escadron forment la *troisième ligne* ou *réserve générale de la découverte*. Cette réserve, sous les

ordres du chef d'escadron, marche en arrière du peloton de reconnaissance, en suivant la direction principale ; la réserve se couvre
par des patrouilles de tête, de flancs et d'arrière.

La distance de la réserve à la ligne des patrouilles et au peloton
de reconnaissance doit satisfaire aux conditions suivantes : 1° permettre à la patrouille de reconnaissance, dans le cas où elle rencontrerait l'ennemi, de reconnaître la situation avant l'arrivée de
la réserve, afin que le chef d'escadron puisse prendre en connaissance de cause telle ou telle décision ; 2° donner à la réserve la
faculté de se diriger, suivant les circonstances, vers telle ou telle
patrouille de la ligne, sans courir le risque d'être entraînée trop tôt
dans la lutte qui s'engage entre le peloton de reconnaissance et
l'ennemi.

La forme d'un triangle équilatéral, dont la ligne de patrouilles
formerait la base, et la réserve le sommet opposé, est la disposition la plus avantageuse en pareil cas.

Quelle étendue de front peut-on explorer avec un escadron de
découverte ? Sur ce point, les avis sont partagés ; on peut toutefois
supposer, et l'expérience d'ailleurs le confirme, qu'en terrain
moyennement coupé, il sera facile de battre l'estrade sur une étendue
de $2.\frac{1}{2}$ à 3 verstes de chaque côté de l'axe du mouvement, c'est-
à-dire en tout de 5 à 7 verstes.

Une pareille exploration nécessite 7 patrouilles (une par verste)
y compris celle de tête, soit $7 + (6 \times 5) = 37$ à 40 hommes ; sur un
terrain très couvert, il y a lieu d'augmenter ce chiffre. Si donc le
peloton de reconnaissance conserve 15 hommes, près de la moitié
de l'escadron $(40 + 15)$ sur 128 hommes se trouvera employée ; il
restera donc à la réserve deux pelotons. Il n'y a pas lieu de fractionner davantage l'escadron ; pourtant, si le terrain l'exige, il ne
faudra pas hésiter à envoyer des patrouilles spéciales sur le flanc,
même à 3 verstes de distance, sans toutefois les astreindre à maintenir une liaison constante avec la ligne des patrouilles de l'escadron.
Avec des patrouilles occupant un front de 6 verstes, la communication des renseignements d'un flanc jusqu'au peloton de reconnaissance se fera en 15 ou 20 minutes. Or, la réserve peut rejoindre

la ligne des patrouilles, si celle-ci vient à être arrêtée par l'ennemi, en 24 (3 × 8) ou 40 (5 × 8) minutes ; le peloton de reconnaissance aura donc le temps, surtout s'il est à 5 verstes en avant du reste de l'escadron, de reconnaître la cause de cet arrêt et de communiquer à la réserve générale les renseignements indispensables pour les dispositions à prendre.

Voici la manière d'opérer de l'escadron de découverte et du peloton de reconnaissance. Lorsqu'ils rencontrent l'ennemi, ils évitent de combattre, à moins de circonstances exceptionnelles, par exemple lorsque le succès leur paraît assuré ou que la forme du terrain les y oblige.

Ils doivent toujours chercher à éviter un engagement contre un adversaire égal en force ; le combat est en effet un moyen très dangereux et peu efficace pour avoir des renseignements sur l'adversaire. Il vaut mieux opérer des mouvements tournants ; ces mouvements exécutés à la fois sur les deux flancs de l'ennemi, comme dans notre exemple, ont le plus de chances de réussir.

Une autre règle à observer est celle-ci : dès qu'ils ont découvert l'ennemi et particulièrement ses réserves, et qu'ils ne peuvent rester eux-mêmes au point d'où ils voient l'adversaire, ils y laissent un petit poste de 2 hommes ou davantage, suivant l'importance de la position et la force de l'ennemi. Ces petits postes d'observation adressent leurs communications vers la route principale que suit la colonne pour être remises au commandant de l'avant-garde. *La patrouille de tête du peloton de reconnaissance reste, dans tous les cas, sur la route principale suivie par la colonne.* J'appelle l'attention du lecteur sur les règles que je viens de formuler ; les détails d'exécution ont été exposés plus haut dans l'exemple choisi (planche n° I).

Application du système des escadrons de découverte aux masses de cavalerie.

Dans les lignes qui précèdent nous avons étudié les mouvements et les opérations de l'escadron de découverte précédant un régiment ; examinons maintenant comment ce procédé d'exploration s'applique à des corps de cavalerie plus considérables.

Remarquons d'abord qu'il n'y a pas lieu de changer la distance entre les escadrons de découverte et les forces principales : cette distance résulte, en effet, uniquement des nécessités du service de découverte ; en revanche, l'exploration doit s'étendre en largeur proportionnellement à l'importance de la colonne ; comme il n'est pas aisé d'étendre le front d'exploration d'un seul escadron, on est amené à augmenter le nombre des escadrons de découverte en affectant à chacun d'eux un front de 5 à 7 verstes.

La répartition des escadrons de découverte sur le terrain dépendra nécessairement de la forme de ce terrain et de la direction des chemins qui le sillonnent ; il est utile cependant de donner, à cet égard, quelques indications générales.

Avant tout, il est clair que les axes de mouvement des escadrons de découverte doivent coïncider avec les directions (chemins) dans lesquelles il y a le plus de probabilité de rencontrer l'ennemi. Des intervalles même considérables entre les escadrons ne gênent nullement l'opération ; car la liaison s'établit alors au moyen de groupes spéciaux qui marchent dans les intervalles et détachent, lorsqu'ils arrivent sur la ligne du peloton de reconnaissance, le nombre de patrouilles nécessaire (une par verste).

Lors même que l'écartement entre les voies suivies par les escadrons de découverte est normal (environ 6 verstes) [voir planche II, g], il est avantageux de soutenir le centre de la ligne des patrouilles qui les relient, au moyen d'un petit groupe d'hommes se mouvant à hauteur des pelotons de reconnaissance.

Si dans le rayon d'action de la colonne se trouvent des directions d'importance secondaire, suivant lesquelles on peut espérer rencontrer l'ennemi, on y fait marcher des demi-escadrons (pl. II, b et IV, b) ; enfin, suivant les directions latérales extrêmes par lesquelles des patrouilles ennemies peuvent aborder le flanc de la colonne, et qui sont trop éloignées pour être comprises dans l'intérieur de la ligne générale des patrouilles, on fait marcher des patrouilles indépendantes (pl. II, d et III, c), ou des patrouilles latérales ; celles-ci, tout en se mouvant approximativement à hauteur de la ligne des patrouilles, ne sont pas astreintes à rester en liaison avec le flanc voisin de cette ligne.

Si les directions principales ont entre elles un espacement considérable, à peu près 10 verstes, il convient d'intercaler entre les réserves des escadrons de découverte qui suivent ces directions, un groupe (pl. III, z) pour maintenir la liaison et transmettre les communications relatives au relèvement des escadrons. Ce groupe sert en même temps de réserve au détachement (j) qui soutient le centre de la ligne des patrouilles.

Pour tout le reste, les dispositifs de mouvement des escadrons de découverte demeurent les mêmes, chaque escadron les adoptant dans la sphère d'action qui lui est attribuée.

Les flancs des lignes de patrouilles de deux escadrons voisins doivent, au début du mouvement, se chercher l'un l'autre et rester ensuite en liaison. Les soutiens des patrouilles et les réserves des escadrons de découverte restent liés entre eux, tant en marche qu'en station, au moyen de petites patrouilles. Nous traiterons plus loin cette dernière question avec plus de détails.

Le principe — *marcher ensemble pour combattre ensemble* — doit être appliqué au gros des corps importants, absolument comme pour un régiment. La colonne tout entière se meut, autant que possible, sur une seule route ; ce principe est essentiel pour soutenir les escadrons de découverte. S'ils viennent à être forcés par l'ennemi, ils n'en sont pas rendus responsables, à condition qu'ils en aient informé à temps la colonne.

Ils ne sont pas obligés de prêter leur concours aux forces principales pendant le combat, si l'exploration les a entraînés de côté ; ils n'exigent pas non plus d'être soutenus.

Si pour des raisons diverses, autres que le combat et l'exploration, par exemple pour s'assurer les ressources en vivres, etc., les forces principales sont obligées de suivre deux routes, il faudra en prendre son parti, comme en face d'une nécessité inévitable à la guerre. Le commandant en chef devra alors chercher, par tous les moyens, à conserver la liaison entre les deux colonnes afin de les réunir le plus rapidement possible dans la direction qui se trouverait menacée.

Les planches II et III représentent des dispositifs de marche d'une brigade à 12 escadrons : dans le premier exemple, le terrain offre deux directions principales espacées l'une de l'autre de 6 à 7 verstes et une direction secondaire sur le flanc gauche ; dans le second, les directions principales ont entre elles un espacement de 10 verstes. En outre, il existe, dans l'un et l'autre cas, des chemins latéraux (d et e) en dehors de la sphère d'action.

Dans la première figure (planche II), la ligne continue des patrouilles a une étendue de 16 verstes ; en y ajoutant l'intervalle qui s'étend jusqu'au chemin latéral, on obtient un front de 19 à 20 verstes.

Dans la seconde figure (planche III), la ligne des patrouilles a une longueur de 16 à 17 verstes, ce qui, avec le chemin latéral, donne pour la brigade, un rayon de 20 à 22 verstes. On peut, en cas de besoin, étendre encore davantage la sphère d'exploration de la brigade ; mais il ne faut pas perdre de vue que l'extension donnée à la ligne des patrouilles entraîne un éparpillement des forces préjudiciable. A ce dernier point de vue, les planches considérées fournissent les indications suivantes : le service d'exploration, dans les deux exemples, comporte 2 1/2 escadrons, c'est-à-dire 1/5 de l'effectif total ; à la seule inspection des croquis, on reconnaît que, sauf de rares exceptions, les forces principales recevront, au moment du combat décisif, un renfort d'environ 1 escadron ou davantage venant des troupes d'exploration.

Des 12 escadrons, 10 1/2 prendront part à la lutte, ce qui est une proportion très satisfaisante, d'autant plus que les autres troupes d'exploration ne manqueront pas, soit d'attirer de leur côté des forces ennemies considérables, soit de seconder les forces principales en exécutant des mouvements tournants.

La planche IV représente le mouvement d'une division à 24 escadrons ; la largeur du front d'exploration atteint de 30 à 40 verstes sans compter les détachements de flanc (d et e) qui figurent sur les planches II et III et qui n'existent pas ici. Le nombre des escadrons de découverte est de 3, celui des demi-escadrons de 2 ; les escadrons des ailes ont détaché chacun 2 pelotons de reconnaissance, un en avant, un autre sur le côté ; le nombre des escadrons chargés de l'exploration est donc de 4, c'est-à-dire 1/6 de l'effectif total. En cas d'attaque, un de ces escadrons, au moins, concourra probablement à l'action ; au total, 21 escadrons prendront part au combat ; les 3 escadrons restants, comme l'a démontré l'expérience, distrairont du corps ennemi des forces assez importantes.

Les détails de l'ordre de marche de la division sont figurés sur la planche IV. Si l'on considère la marche de deux régiments, de deux brigades ou de deux divisions, chacun de ces corps devra, pour conserver la liaison, connaître d'une façon générale la direction du corps voisin, et particulièrement celle du soutien des patrouilles le plus rapproché.

Remarque. — Certains écrivains militaires conseillent de faire marcher en avant des grosses colonnes de cavalerie, des pelotons isolés, des demi-escadrons et même des escadrons entiers, suivant des routes parallèles à l'axe du mouvement, à une demi-journée ou à une journée d'intervalle de cet axe. Sans contester la nécessité de cette mesure dans certains cas spéciaux, il me semble qu'elle n'est pas applicable d'une manière générale ; au point de vue du fractionnement des forces, cette disposition doit être considérée comme mauvaise.

Liaison.

Conserver la liaison entre deux colonnes de cavalerie marchant à une allure rapide, est chose difficile, surtout en terrain couvert. Examinons la question en détail, afin d'en élucider certains points obscurs.

Aux règles déjà exposées à propos de la liaison des patrouilles en ligne, il y a lieu d'ajouter les considérations suivantes :

1° Les patrouilles de chaque escadron envoient leurs renseignements *à la patrouille de tête,* qui les transmet à son peloton de reconnaissance ou à l'escadron de découverte ; si ces derniers ont quitté la route, la patrouille de tête communique les renseignements à l'avant-garde par le chemin le plus court. Tout escadron de découverte qui ne marche pas devant le corps principal, envoie les dépêches vers la route suivie par les postes de correspondance mobile ; ceux-ci les transmettent à l'avant-garde ; le service de correspondance mobile ne peut en effet fonctionner qu'entre des troupes marchant sur une même route.

2° Dans la ligne des patrouilles de deux escadrons de découverte, les flancs voisins envoient les dépêches à leurs chefs respectifs et en communiquent également la teneur à la patrouille la plus rapprochée, de l'escadron voisin.

3° La liaison en profondeur entre les escadrons de découverte et l'avant-garde s'établit au moyen de postes de correspondance de campagne ; sur un terrain très coupé, on peut faire marcher à mi-distance entre ces deux groupes, une fraction en ordre serré, un peloton ou un demi-escadron, dont le rôle essentiel sera de régulariser le fonctionnement des postes de correspondance de campagne (pl. IV, t).

Il est extrêmement difficile de maintenir, pendant la marche, entre les escadrons de découverte, la liaison destinée : 1° à éclairer le terrain compris entre les routes qu'ils suivent ; 2° à régulariser leurs mouvements, ce qui est une condition essentielle. Cette liaison ne peut être assurée que si chaque commandant d'escadron de découverte connaît exactement les mouvements et les opérations des escadrons voisins ; il est donc nécessaire de dire quelques mots des ordres à l'aide desquels le commandant en chef régularise ces mouvements, c'est-à-dire de la « disposition[1] ».

La disposition doit comprendre :

Les *renseignements sur les forces* et les emplacements de l'ennemi ;

Les *emplacements* ou les déplacements de celles des troupes amies qui peuvent intervenir dans les opérations ultérieures du détachement.

Ces indications sont particulièrement importantes pour le corps

---

1. Ce terme paraît correspondre à l'*ordre de mouvement* de notre règlement sur le service en campagne. (*N. du Trad.*)

de cavalerie lancé en avant du front d'une armée. Il a tout intérêt à savoir si d'autres troupes de cavalerie opèrent sur les flancs, quelles routes elles suivent, quels points on a l'intention d'occuper, quels autres sont déjà occupés par l'infanterie, etc.

But des opérations du détachement. — *Ordres* fixant le rôle de chacun.

Nous allons traiter cette question avec quelques développements.

Il faut d'abord remarquer que la brièveté de la « disposition » n'est admissible que si elle ne nuit ni à sa clarté ni à sa précision ; dans la pratique, une disposition brève indique, le plus souvent, que le commandant en chef ne s'est pas rendu un compte exact de ce qu'il désire.

Tout en donnant des ordres brefs et précis, afin de ne pas restreindre l'initiative de ceux qui sont chargés de les exécuter, il convient de leur faciliter la besogne en leur fournissant les renseignements les plus complets et les plus exacts sur l'ennemi.

Pour un détachement de cavalerie opérant isolément, la disposition doit indiquer d'une manière précise, la voie suivie par chacun des escadrons ou demi-escadrons de découverte, ou par chacun des pelotons de reconnaissance qui se meuvent dans des directions autres que celles prises par les escadrons ou demi-escadrons, par exemple sur les flancs extrêmes ou entre des escadrons éloignés dont ils sont chargés d'établir la liaison.

On formule ces indications en énonçant simplement les localités habitées et les objets du terrain, par exemple : « l'escadron de découverte n° 1 depuis le village d'Ivanovka par Pétrovka, ferme Vysokoë[1] sur la rive gauche du ruisseau Koulmink jusqu'à l'intersection de la route Pavlovo-Viazenki et Nikolskoë-Jeltikovo », etc.

La disposition, ou tout au moins un extrait de ce document relatif à la direction suivie par les troupes d'exploration, doit être distribuée à chaque unité de découverte, y compris les patrouilles ; elle leur est indispensable pour se rendre compte de leurs propres opérations et pour maintenir la liaison entre les troupes voisines.

---

1. La pratique démontre qu'il vaut mieux laisser les noms sous forme invariable, sans les décliner.

Pour faciliter cette dernière tâche, il est très utile d'indiquer dans la disposition les accidents très marqués du sol, qui, s'étendant dans une direction à peu près perpendiculaire à la direction générale du mouvement, coupent en même temps les routes suivies par tous les détachements d'exploration. Tels sont les rivières, les séries de lacs, les marais, les lisières de forêts, les grandes routes, les lignes de hauteurs, etc.

La disposition fait connaître ces échelons du mouvement des troupes d'exploration (*coupures du sol*) et prescrit aux troupes de découverte de les utiliser pour leur liaison mutuelle. Ainsi (voir planche n° V) la disposition qui définit le mouvement du corps vers le nord, porte : « Les escadrons de découverte n°s 1 et 2 entreront en liaison sur le ruisseau Lissitchka et sur la route Bielkhatov-Prosno » ; en outre, si l'on prévoit que certaines circonstances puissent accélérer ou ralentir le mouvement, on ajoute « où l'escadron n° un tel arrivera probablement à telle heure[1] ».

Les moyens les plus commodes d'utiliser ces coupures pour faciliter la liaison peuvent se résumer dans les indications suivantes :

Les petites haltes de 15 minutes, indispensables surtout pour les marches forcées de la cavalerie, seront faites invariablement sur les coupures. Si toutes les lignes d'exploration, en commençant par celle des patrouilles, opèrent ainsi, elles contribueront certainement à régulariser le mouvement. Au moment où la ligne des patrouilles s'arrêtera, les pelotons de reconnaissance la rejoindront et les escadrons de découverte s'en rapprocheront momentanément. Si la patrouille de tête prend ses dispositions de sûreté pour protéger le peloton de reconnaissance contre une attaque subite de l'ennemi, c'est-à-dire si elle éclaire le terrain en avant, place des vedettes, etc., le rapprochement dont nous venons de parler, loin d'être nuisible, pourra être d'une grande utilité : le chef de la patrouille

---

1. Dans certaines circonstances, on peut dire : « les escadrons de découverte, arrivés à telle coupure du sol, la quittent pour se porter en avant à telle heure ». En général, il faut éviter de donner des ordres semblables, car ils retardent la marche des escadrons de découverte.

de tête pourra s'entretenir en personne avec le commandant du peloton de reconnaissance ; ils pourront échanger leurs vues au sujet du chemin qu'ils auront parcouru ; de nouveaux ordres pourront être donnés à la suite d'une connaissance plus complète de la situation ; les hommes et les chevaux malades de la patrouille de tête pourront être remplacés, etc. En outre, cette halte permettra au commandant du peloton de reconnaissance de rédiger une dépêche à l'adresse du chef d'escadron, d'apprécier avec calme ce qui reste à faire, de prendre des mesures pour rétablir, s'il y a lieu, la liaison dans la ligne des patrouilles, d'envoyer sur la ligne des patrouilles, des patrouilles auxiliaires pour explorer certains couverts importants du terrain, etc. C'est à ce moment qu'on peut interroger les habitants, les prisonniers, expliquer aux hommes de la patrouille la configuration du terrain qu'ils ont devant eux, ce qu'on sait sur l'ennemi, etc.

Toutes ces mesures ont une importance particulière, d'autant plus que les coupures jouent toujours, à la guerre, un certain rôle : on y trouvera souvent des traces du passage de l'ennemi ; on y recueillera plus facilement qu'ailleurs des renseignements sur lui. Quelquefois les coupures constituent une bonne position de combat ou d'observation ; aussi l'occupation de tels accidents du sol doit être considérée comme un succès et peut donner à l'assaillant des avantages sérieux.

L'arrêt sur les coupures facilite en outre notablement la liaison entre toutes les fractions de troupes d'exploration. Les patrouilles parties en avant s'arrêtent, les autres entrent en ligne ; on reconnaît les erreurs des directions prises ; on les rectifie pendant la halte ou dans le mouvement qui suit, etc.

Comme nous l'avons dit, la liaison entre les fractions groupées des escadrons de découverte a pour objet : 1° de régulariser le mouvement des escadrons ; 2° d'explorer le terrain en arrière de la ligne des patrouilles, dans l'espace compris entre les routes suivies par les escadrons de découverte.

Il n'est pas commode d'assurer la liaison en envoyant une patrouille dans une direction perpendiculaire à l'axe du mouvement ;

en effet, celle-ci arrivera en un point où l'escadron voisin aura déjà passé depuis longtemps, et sera obligée de le rattraper en suivant inutilement un chemin qui aura été parcouru et exploré par ce dernier. Le même fait se présentera lorsque la patrouille retournera à son escadron. Aussi vaut-il mieux lancer les patrouilles dans des directions diagonales, et à cet égard, les coupures peuvent rendre de grands services, comme étant d'excellents moyens d'orientation : la patrouille envoyée, par exemple, au point de rencontre de tel chemin avec le ruisseau N, ou avec la grand'route, trouvera facilement le point de destination. D'ailleurs, avec le système des coupures, la rédaction des dépêches d'un escadron à un autre se fait beaucoup plus clairement. Il faut donc, autant que possible, envoyer les troupes chargées de la liaison entre les escadrons, suivant la diagonale, d'une coupure à l'autre. Ainsi dans l'exemple figuré planche V, l'escadron n° 2 a tout intérêt à savoir si l'escadron n° 1 a atteint, et à quelle heure, la coupure ruisseau Lissitchka. Si l'escadron n° 1 lui expédiait une estafette après avoir atteint le ruisseau, la patrouille ne rencontrerait pas l'escadron n° 2 sur ce ruisseau, elle serait obligée de le poursuivre. Aussi, le commandant de l'escadron n° 1 envoie sa dépêche avant l'arrivée de son escadron à la Lissitchka, au moment où il reconnaît la probabilité d'atteindre cette coupure.

L'exploration s'étend, en avant de l'escadron, sur une largeur de 4 à 6 verstes ; un cavalier mettra de 15 à 20 minutes pour franchir, à une allure rapide, la distance de la patrouille de tête à l'escadron de découverte voisin ; le commandant de l'escadron peut espérer atteindre la coupure sans obstacle, lorsqu'il se trouve à 3 ou 4 verstes avant d'y arriver ; c'est donc à partir de cette distance qu'il devra envoyer sa patrouille de liaison. Celle-ci, pour atteindre la coupure, aura à parcourir 2 fois à 2 fois et demie plus de chemin que son escadron de découverte ; or l'escadron voisin fait une halte sur la coupure ; de plus, une petite patrouille peut et doit se mouvoir assez rapidement ; aussi réussira-t-elle souvent à atteindre sur place l'escadron voisin ; dans tous les cas, elle n'aura pas à le poursuivre bien loin. La patrouille remet la dépêche et rend compte des remarques importantes qu'elle a faites pendant la route ; elle reçoit la réponse du commandant de l'escadron et l'indication du chemin à suivre pour rejoindre son propre escadron. Il convient de renvoyer la patrouille également en diagonale vers la coupure suivante.

L'escadron n° 1, aussitôt qu'il a quitté la première coupure pour se porter en avant, envoie une nouvelle communication à son voisin, etc.

L'escadron n° 2 opère de même et, en résumé, tout le terrain franchi par les escadrons se trouve recoupé en croix plusieurs fois.

La planche V représente en pointillé les trajets des patrouilles. S'il n'existe pas de coupures, ou si elles sont trop éloignées l'une de l'autre, par exemple, à une distance de 10 verstes, on enverra les cavaliers de liaison vers des points bien apparents sur le terrain ou sur la carte : villages, ponts, églises, étangs, etc. D'une manière générale, on détachera une patrouille de liaison toutes les 5 verstes. Deux hommes intelligents suffiront amplement pour ce service. Il va sans dire que si l'on rencontre l'ennemi, ou s'il se produit quelque incident important, les escadrons de découverte envoient aussitôt l'un vers l'autre des estafettes, sans attendre qu'on se trouve à proximité d'une coupure.

Je vais encore indiquer un procédé que j'ai expérimenté moi-même plus d'une fois aux manœuvres, et qui permet de maintenir la liaison, de gagner du temps et de dépenser moins d'hommes pour le service des renseignements.

Voici comment on opérait. Supposons que le chef de la patrouille extrême d'une aile a pris le contact de l'ennemi. Il rédige une dépêche et la met sous enveloppe ouverte. L'estafette chargée de porter la dépêche reçoit l'ordre de la présenter à toutes les patrouilles et à toutes les troupes qu'elle rencontrera. Chaque chef de patrouille ou de détachement auquel la dépêche est présentée, est tenu de la lire attentivement et d'y porter l'inscription suivante : « Lu à tel endroit, à telle heure ». Lorsque la dépêche parviendra au gros des forces, le commandant en chef, après en avoir pris connaissance, sera certain : 1° que les patrouilles, les détachements de pointe et de tête, et enfin l'avant-garde, qu'elle a rencontrés en chemin, sont déjà informés de ce qui se passe en avant ; 2° il est renseigné exactement sur le lieu et l'heure où ces groupes ont passé ; 3° chacun des détachements connaît le lieu et l'heure de passage des troupes qui le précèdent ; enfin, chaque chef de détachement peut compléter la dépêche par ses propres observations, par des demandes, etc. Il est entendu que les renseignements verbaux envoyés par une patrouille sont transmis verbalement aux chefs que l'on rencontre ; toutefois, il y a lieu, dès que l'occasion se présente, de formuler ces renseignements par écrit, pour pouvoir ultérieurement utiliser la correspondance de campagne[1].

Tout ce qui précède démontre la nécessité d'exercer, en temps de paix, les éclaireurs, les sous-officiers et les officiers à la rédaction des correspondances que, pour plus de commodité, on transforme, dans nos manœuvres, en communications verbales. Il ne faut pas perdre de vue qu'il est très difficile de rédiger promptement une dépêche en style clair, bref et circonstancié, que cette rédaction nécessite une longue pratique.

Bivouac sous la protection des escadrons de découverte.

Nous avons examiné le service des escadrons de découverte pendant la marche ; passons maintenant au cas où l'on n'a pas encore eu de rencontre sérieuse et que la colonne a reçu l'ordre de bivouaquer. Faut-il alors faire rentrer les escadrons de découverte et organiser le service de sûreté habituel, ou bien laisser les premiers en place et, comme dans le cas précédent, organiser la sûreté du détachement ?

Ceci nous conduit à comparer les avantages et les inconvénients des deux systèmes de protection : le système fixe (avant-postes) et le système mobile (patrouilles).

La garde des troupes en station impose à ceux qui en sont

---

1. Si, pour certaines raisons, le pli ne doit pas être ouvert en route par les détachements, on le cachette et des ordres sont donnés en conséquence.

chargés, les deux obligations suivantes : 1° empêcher les patrouilles ennemies de reconnaître la disposition du bivouac ; 2° contenir l'assaillant qui s'avance en force, assez longtemps pour permettre aux troupes de prendre leurs dispositions de combat.

La planche VIII représente le bivouac d'un régiment. En avant, à 3 verstes, est placée l'avant-garde ; elle a disposé un escadron aux avant-postes : le poste principal est à 2 verstes au delà ; à 1 verste plus loin, sont placés les postes de soutien ; enfin à 1 verste de ces derniers est établie la ligne des postes de sûreté (avant-postes). La longueur de la ligne des avant-postes est de 4 verstes[1].

Pour établir la comparaison, on a figuré à 15 verstes en avant de l'avant-garde, un escadron de découverte, et à 5 verstes en avant de lui, un peloton de reconnaissance.

Le service des avant-postes est défini d'une façon précise par le règlement ; il est connu. Il nous reste à parler de l'escadron de découverte.

Le commandant de l'escadron doit prendre le contact de l'ennemi pour avertir, à temps, l'avant-garde de son approche.

Le jour, il occupera, au moyen de petits postes d'observation isolés, les points du secteur qui lui est attribué, d'où il pourra découvrir un horizon étendu, dans la direction de l'ennemi ; la nuit, il placera les mêmes postes aux points de passage forcé de l'ennemi ou sur les routes que suivront le plus vraisemblablement les patrouilles de l'adversaire[2].

De jour comme de nuit, il éclairera le reste du terrain par des patrouilles, lancées du côté de l'ennemi, d'un poste d'observation à l'autre. Toutes ces mesures dépendront nécessairement des circonstances, et il est à peine possible de donner, à leur égard, des indications précises. Cependant, pour s'en faire une idée, reportons-

---

1. D'après le règlement, l'escadron occupe de 3 à 5 verstes ; nous avons admis dans notre dessin la longueur moyenne de 4 verstes.

2. L'expérience démontre qu'une patrouille qui veut atteindre un but, la nuit, suit ordinairement la route ou la longe à faible distance ; sinon elle risque de s'égarer et surtout d'être arrêtée par des fossés, des marais et d'autres obstacles qu'il est difficile d'éviter la nuit.

nous au terrain que nous avons adopté pour la marche du régiment de cavalerie précédé de l'escadron de découverte. Nous supposerons que les patrouilles de cet escadron ont atteint, vers le soir, la ligne des avant-postes ennemis établis sur la rive droite de la Borissovka et que l'escadron reçoit l'ordre de s'arrêter en cet endroit pour y passer la nuit.

Tant qu'il fait jour, on doit utiliser les points du terrain avantageux pour l'observation. Aussi, prendra-t-on les dispositions suivantes : La patrouille de tête reste sur la grand'route, occupant la hauteur en face du petit pont voisin du village A. La patrouille de reconnaissance se joint à elle et s'établit à une certaine distance en arrière de la vedette placée sur la grand'route, en se cachant dans la lisière du bois. Deux patrouilles latérales de gauche montent sur les hauteurs de la rive gauche du ruisseau ; mais l'horizon y est si étendu qu'une seule suffit pour observer ; aussi la deuxième reçoit-elle l'ordre de rejoindre une troisième patrouille, placée également sur le flanc gauche, et de former avec elle un poste d'observation de 11 hommes, sur le chemin qui mène au village B. Ces patrouilles se disposent le plus à couvert possible, les hommes rassemblés, une vedette postée en avant. Le jour il n'est pas nécessaire d'établir de liaison entre elles, car tout le terrain en avant est vu des points occupés par les vedettes. A droite de la grand'route, la position la plus favorable pour observer est la lisière du bois faisant face au ruisseau. De ce côté, trois chemins se présentent ; ce sont ceux qui traversent le bois sur la rive gauche du ruisseau et conduisent respectivement aux villages A, B et au château ; puis, un chemin partant de ce château et se dirigeant vers l'est, à travers bois.

Les trois premiers chemins sont éclairés par trois patrouilles latérales de droite arrêtées sur la lisière du bois ; dans chacune d'elles, les cavaliers mettent pied à terre et s'enfoncent sous bois après avoir placé une vedette en observation ; tout le long de la lisière, les patrouilles se lient entre elles et à la patrouille de tête au moyen de cavaliers isolés.

L'escadron de découverte, arrêté à 4 verstes du village, détache deux patrouilles de 5 hommes chacune : la première reçoit l'ordre de contourner, sur le flanc droit, les marécages qui bordent les confluents des ruisseaux, de se mettre à couvert et d'observer le chemin partant du château, dont nous avons parlé plus haut ; la seconde est chargée de tourner le flanc droit de l'adversaire (poste d'observation sur le mamelon de la rive droite du ruisseau) en se dissimulant, et d'observer du côté du château et du village B.

Remarque. — S'il n'est pas possible d'observer à couvert dans cette direction, il peut être préférable de ne pas franchir le ruisseau avant la tombée de la nuit.

La nuit, les dispositions changent : il faut étendre le service de garde sur le front et sur les flancs, et empêcher les petites patrouilles ennemies d'enlever les vedettes ou de les tourner pour atteindre, sans être vues, les derrières du détachement.

Pour observer ce qui se passe sur les derrières des postes ennemis, le plus commode est de faire tourner leurs flancs par des patrouilles ; pour explorer le front de l'adversaire, on détache des patrouilles en avant : celles-ci tiennent l'ennemi sur le qui-vive et le harcèlent ; en même temps, elles établissent la communication entre les postes d'observation placés sur les chemins. L'expérience a démontré que les patrouilles marchent plus régulièrement et fonctionnent mieux, lorsqu'elles se meuvent entre deux points d'appui auxquels elles doivent nécessairement aboutir.

Le danger d'être tourné par l'ennemi oblige le commandant de l'escadron de découverte à renforcer le service de garde sur les chemins latéraux extrêmes, en y plaçant des détachements de sûreté qui serviront en même temps de solides points d'appui pour ses patrouilles. Voici comment il fera le calcul des effectifs à attribuer à chacun de ces détachements.

Détachement d'observation de gauche. — 1° Supposons que le service de garde commence à 8 heures du soir. Toutes les heures, l'escadron doit envoyer une patrouille de 2 hommes au poste d'observation situé sur la grand'route, à une distance d'environ 4 verstes. Cette distance, aller et retour, peut être franchie en 2 heures ; aussi, la patrouille partie à 8 heures du soir, rentrera vers 10 heures ; ses hommes et ses chevaux se reposeront environ 3 heures ; on ne pourra donc pas les renvoyer avant 5 (2 + 3) heures après le premier départ ; il en résulte que cette ligne de patrouilles exige $5 \times 2 = 10$ hommes.

2° Il est nécessaire, pendant toute la nuit, d'observer ce qui se passe sur les derrières du château et du village B ; vers chacun de ces points, on enverra une patrouille de 3 à 5 hommes, avec ordre de pénétrer dans les lignes de l'ennemi, d'y rester en observation toute la nuit ; ce service exige donc environ 8 hommes.

3° Sur le chemin qui mène au village B, on enverra pendant la nuit des patrouilles pour assurer la protection du poste d'observation (de sûreté) et éclairer cette direction ; ce service nécessite 3 tours, soit en tout 6 hommes. Chaque patrouille est expédiée quand la précédente est rentrée.

4° Enfin, pour protéger le poste il faut 1 homme ; avec 3 tours de service cela fait 3 hommes.

Avec cette organisation du détachement de gauche, le poste comprendra constamment : de 4 à 6 hommes de la patrouille n° 1, 4 hommes de la patrouille n° 3, 2 hommes de la patrouille n° 4, en tout de 10 à 12 hommes sans compter 1 ou 2 sous-officiers. Un tel effectif suffit le jour, et à plus forte raison la nuit, pour obliger l'ennemi à démasquer des forces assez considérables ; il permet de soutenir très efficacement les patrouilles.

Ainsi, le chef d'escadron renforcera la patrouille de gauche de manière à avoir $10 + 8 + 6 + 3 = 27$ hommes ; il y groupera donc un peloton sous le commandement d'un officier ou d'un sous-officier expérimenté. Or, 11 hommes s'y trouvent déjà, il reste donc à commander 16 hommes avec le nombre de sous-officiers nécessaire.

Détachement d'observation de droite. — 1° Les patrouilles chargées d'établir la liaison avec le poste d'observation de la grand'route, exigent également 10 hommes, bien que la distance ne soit que de 3 verstes ; en effet, le terrain étant boisé, et le trajet à peu près circulaire le long des postes d'observation de la lisière, on ne peut guère compter moins de 2 heures entre le départ et le retour des cavaliers.

2° Il est nécessaire de détacher du flanc droit, deux patrouilles de 5 hommes chacune. La première chargée de surveiller le chemin Est du château, observe du côté du château ; la seconde reçoit l'ordre de pénétrer dans le bois au delà du chemin, de s'y enfoncer le plus possible, de surveiller les forces et les emplacements de l'ennemi et de rester en observation toute la nuit. Cette patrouille peut être forte de 5 hommes et davantage, parce que le bois coupera son mouvement. Au total 10 hommes.

Pour la garde du poste, 1 vedette ; soit 3 hommes.

On a donc besoin, au total, de $10 + 10 + 3 = 23$ hommes, sans compter les sous-officiers ; or, il s'y trouve déjà 6 hommes, il restera à y ajouter 17 hommes.

Poste d'observation sur la grand'route. — 1° Il envoie, toutes les heures, des patrouilles de 2 hommes vers le poste d'observation du flanc gauche — 10 hommes.

2° Même effectif pour le poste d'observation du flanc droit — 10 hommes.

3° Vedette sur la grand'route — 3 hommes.

4° Troupes de correspondance et patrouilles supplémentaires, observateurs chargés de surveiller le village A, petit poste d'observation destiné à occuper, s'il y a lieu, l'intervalle entre la grand'route et le détachement d'observation de gauche — en tout 10 hommes.

Ensemble, $10 + 10 + 3 + 10 = 33$ hommes non compris les sous-officiers.

L'effectif total nécessaire comprendra donc :

Pour le poste d'observation de gauche. . .	27 hommes.
Pour le poste d'observation de droite. . .	23 —
Pour le poste d'observation de la grand'route.	33 —
Pour les 3 chemins forestiers, sur la rive gauche, à raison de 5 hommes pour chaque chemin	15 —
Total.	98 hommes.

Avec des pelotons de 14 files, il reste 14 hommes disponibles ; le chef d'escadron les réunit au poste de la grand'route, après en avoir détaché un poste de correspondance de campagne de 5 ou 6 hommes pour établir la liaison avec la correspondance mobile. Il y aura donc sur la grand'route $33 + 9 = 42$ hommes.

Si l'escadron n'était pas arrêté à proximité de l'ennemi, il conviendrait de pousser de chaque détachement d'appui, des patrouilles en avant, pour chercher l'ennemi et protéger l'escadron.

Remarque. — Si l'escadron a moins de 14 files, on réduira l'effectif de tel ou tel groupe. Cette réduction portera d'abord sur les petits postes d'observation des 3 chemins forestiers, où, au lieu de 5 hommes par poste, on pourra n'en mettre que 3 : d'où une économie de 6 hommes ; les patrouilles envoyées de l'autre côté du ruisseau pourront n'être également que de 3 hommes chacune, ce qui réduit encore l'effectif de 6 hommes. Les autres réductions affecteront la réserve de la grand'route ; enfin, on pourra supprimer tout ou partie des petits postes d'observation entre la grand'route et les détachements latéraux d'observation, et les remplacer par des patrouilles.

Si l'escadron avait un effectif par trop faible, on lui adjoindrait le nombre d'hommes nécessaire, que l'on prélèverait sur les autres escadrons du régiment.

On voit, par la disposition que nous venons d'indiquer pour l'escadron de découverte, que son front d'observation aura une étendue d'environ 8 verstes ; en outre, les derrières de l'ennemi seront explorés sur les deux flancs par 4 patrouilles.

En cas d'attaque vigoureuse, chaque troupe d'observation se replie, par le chemin qu'elle est chargée de surveiller, sans perdre le contact de l'ennemi.

Disposition et opérations de plusieurs escadrons de découverte.

Il nous reste à dire quelques mots du cas où un corps considérable de cavalerie s'éclaire en avant au moyen de plusieurs escadrons de découverte (planches II, III, IV).

Le rôle et, par suite, le mode d'action de chaque escadron restera le même que dans l'exemple que nous venons d'étudier ; la seule différence sera que les flancs de chaque escadron intermédiaire seront couverts par les rangs successifs des autres escadrons, demi-escadrons et pelotons, et que les ailes de la ligne entière des patrouilles seront mieux protégées à cause de l'étendue même de cette ligne. En outre, derrière les patrouilles intermédiaires entre deux escadrons voisins, on fera marcher de petits soutiens groupés qui, dans le cas où l'on bivouaquerait, se porteront sur la ligne des patrouilles avec les pelotons de reconnaissance ; ces soutiens se renforceront par l'arrivée de certaines patrouilles [1] que les conditions du terrain auront obligées à se joindre à eux ; on formera ainsi sur tout le front une série de points d'appui entre lesquels s'intercaleront de petites patrouilles de liaison. Aussi les réserves des escadrons de découverte seront-elles dispensées d'employer presque tout leur personnel pour la formation des détachements d'appui (de sûreté, d'observation), [voir page 59] ; à peine auront-elles à renforcer tel ou tel point ; elles conserveront donc des forces sérieuses. Elles devront rester sur leurs emplacements ou se rapprocher des patrouilles de reconnaissance, mais pas à

---

[1]. Sans tenir compte de l'escadron auquel elles appartiennent ; la présence, dans ces groupes, d'hommes de divers escadrons est même avantageuse, parce que, la nuit surtout, elle donne plus de continuité à la ligne des patrouilles.

moinsde 3 verstes, afin de conserver leur indépendance en cas d'attaque [les flancs de la ligne des patrouilles de chaque escadron sont éloignés de la patrouille de tête (centrale) d'environ 3 verstes].

Sur le terrain choisi pour bivouaquer, les réserves se gardent au moyen de sentinelles ordinaires ; elles maintiennent la liaison entre elles et avec leurs pelotons de reconnaissance, à l'aide de petites patrouilles. Si l'intervalle entre les escadrons de découverte est considérable (voir planche III), il est bon d'établir au milieu de cet intervalle, ou de conserver s'ils y sont déjà (z), de petits détachements d'appui pour les patrouilles. Ces détachements poussent de petites patrouilles vers le groupe de soutien (j) porté en avant sur la ligne d'observation ; ils n'en envoient pas vers les escadrons de découverte, car ils affaibliraient ainsi les réserves. Si la direction des chemins le permet, les escadrons qui n'ont pas derrière eux le corps principal, forment de petits postes de correspondance de campagne, se reliant à l'un des postes de correspondance de la route principale que suit la colonne. L'établissement de ces postes présente des avantages sérieux que la pratique a mis en évidence : rapidité de transmission des dépêches, diminution de fatigue pour les estafettes et leurs chevaux, enfin, possibilité pour le cavalier envoyé vers le poste de correspondance, à une faible distance (quelques verstes), de retourner à son détachement. Il semble qu'on n'ait pas su apprécier partout, dans notre pays, les avantages qui résultent de ce mode de communication, le seul, souvent, qui permette d'accélérer la liaison des détachements[1].

Les patrouilles qui se meuvent entre les réserves des escadrons de découverte, entre les détachements intermédiaires et ceux de flanc — si ces derniers existent — enfin les postes de correspondance de campagne, forment une seconde zone d'exploration à l'arrière de la première.

Il résulte de ce qui précède que l'augmentation du nombre des

1. Si l'on est obligé de faire marcher le corps principal en deux ou plusieurs colonnes, chacune d'elles se couvrira au moyen d'un escadron de découverte et communiquera avec lui par l'intermédiaire d'une ligne spéciale de postes de correspondance mobile de campagne.

escadrons de découverte facilite la tâche de chacun d'eux ; toute la ligne d'observation acquiert une plus grande solidité, grâce à l'existence des réserves ; en même temps le terrain est mieux exploré.

Les escadrons d'arrière-garde.

L'étude que nous avons consacrée au service des escadrons de découverte chargés de protéger un bivouac nous amène à examiner leur tactique dans le cas de la défensive et de la retraite (escadrons d'arrière-garde). Dans la défensive, la manière d'opérer des escadrons sera évidemment la même que dans le cas du bivouac ; dans le mouvement de retraite, la possibilité de porter à l'arrière ou d'y maintenir les escadrons d'arrière-garde dépendra de la proximité de l'ennemi. On peut supposer cependant que leur emploi facilitera la retraite de la colonne : ils rendront les reconnaissances de l'ennemi plus difficiles, car ils l'induiront en erreur sur la vraie direction prise par la colonne, ils démasqueront les projets de l'adversaire, etc. Ce serait une grave faute de ne pas recourir à ces escadrons, lors même que la proximité de l'ennemi obligerait à réduire les distances ; en effet, à chaque arrêt de l'arrière-garde, sa distance à la colonne qui bat en retraite tend à s'augmenter. *Reconnaître* et *prévenir à temps*, tel est le rôle de l'escadron d'arrière-garde, comme celui de l'escadron de découverte ; toutefois, le second se trouve dans de meilleures conditions que le premier pour remplir ce rôle ; en effet, contrairement à ce qui a lieu dans l'offensive, le nombre des patrouilles n'augmente pas à mesure qu'elles se rapprochent de l'ennemi et en même temps les réserves s'éloignent ; aussi, le renforcement de la ligne des patrouilles nécessité par la configuration du terrain ou par l'approche de l'ennemi doit se faire avec les ressources des réserves des escadrons de découverte. En outre, il est nécessaire d'empêcher que de petits postes ennemis ne puissent impunément rejeter les patrouilles en dehors des lignes principales de retraite ; il conviendra donc également de répartir, suivant toutes ces directions, les soutiens groupés de la ligne des patrouilles, bien que souvent cette répartition affaiblisse les réserves des escadrons d'arrière-garde. On doit développer le système des petites patrouilles chargées de pénétrer au travers des forces principales de l'ennemi, pour suivre, à couvert, leurs mouvements ; quant aux réserves groupées des escadrons d'arrière-garde, elles devront surtout soutenir la ligne de leurs patrouilles ; elles auront peu d'occasions de se jeter sur les flancs de l'adversaire, car elles risqueraient d'être coupées et auraient beaucoup de peine à s'établir au milieu des forces principales de l'ennemi ; elles sont donc exposées à devenir, par rapport aux escadrons d'arrière-garde, des patrouilles volantes, c'est-à-dire à modifier d'elles-mêmes leur rôle.

Relèvement des escadrons de découverte.

Pour terminer cette étude sur les opérations des escadrons de découverte, nous devons aborder un côté difficile de ce mode d'exploration.

Nous avons parlé plus haut de la fatigue physique et morale imposée aux escadrons de découverte.

L'expérience a montré qu'il ne faut pas, à moins de nécessité absolue, prolonger le service d'un escadron au delà de 24 heures ; il est donc nécessaire d'examiner comment doit se faire le relèvement des escadrons de découverte.

Lorsque la colonne est en station, ce relèvement ne présente pas de difficultés. Il suffit de diriger, à l'heure convenable, un nouvel escadron par le chemin le plus court jusqu'à l'emplacement de la réserve de l'escadron à relever.

L'escadron se porte en avant avec les précautions de sûreté habituelles et arrive au point désigné ; le commandant de l'escadron relevé lui remet le service et lui communique les renseignements sur l'ennemi, sur le terrain, etc. Il fournit des guides aux gardes montantes, attend le relèvement et le retour de son peloton de reconnaissance et rentre au bivouac du régiment sans attendre le retour de ses patrouilles, de ses détachements d'observation, etc. Ces derniers reçoivent des ordres verbaux ou écrits (par les soins du nouvel escadron ou de leurs propres guides) leur prescrivant de rejoindre le bivouac du régiment par le plus court chemin après avoir été relevés.

Attendre l'arrivée de la garde montante et lui remettre correctement la consigne sont autant de difficultés pour les patrouilles qui surveillent l'ennemi en arrière de sa ligne de vedettes. Le relèvement de ces patrouilles n'est possible généralement que la nuit ou à l'aube, de façon qu'elles ne puissent être vues de l'ennemi.

Le relèvement est beaucoup plus difficile, quand le détachement quitte le bivouac le même jour.

Dans ce cas, on dispose de peu de temps : l'escadron désigné pour relever doit parcourir depuis l'avant-garde (où il convient de le prendre, en le remplaçant la veille par un escadron du gros) environ 15 verstes ; son peloton de reconnaissance et ses patrouilles doivent aller encore plus loin. L'escadron quitte donc le bivouac de manière à arriver sur l'emplacement de la réserve de l'escadron de découverte au point du jour ; il aura peu ou point dormi pendant cette nuit ; c'est dans ces conditions qu'il va prendre un service des plus pénibles.

Le nouvel escadron expédiera les détachements et patrouilles nécessaires pour relever les fractions de l'ancien escadron. Celles-ci se replieront sur leur peloton de reconnaissance et s'y mettront au repos en attendant l'arrivée du gros, au milieu duquel on leur réservera l'emplacement le plus favorable pour le repos.

Dans certaines conditions, par exemple lorsque le régiment a pu établir son bivouac de bonne heure, le relèvement peut s'opérer avant le soir ; toutefois le nouvel escadron qui prend le service doit s'être complètement orienté avant la tombée de la nuit.

Dans le mouvement de retraite on opère de même, avec cette différence que l'ancien escadron de découverte traversera le nouveau et rejoindra progressivement le gros.

Les postes de correspondance de campagne se relèvent également toutes les 24 heures.

Maintenant que le service des escadrons de découverte a été suffisamment expliqué, revenons à notre comparaison entre les procédés de protection du détachement, au moyen d'avant-postes ou d'escadrons de découverte (planche VIII).

Examinons la question aux deux points de vue déjà indiqués :

1° Empêcher les patrouilles ennemies de reconnaître les forces et leurs emplacements.

Il faut remarquer, à cet égard, qu'une reconnaissance faite par des patrouilles n'est utile au détachement que si elles fournissent les renseignements *en temps voulu*.

Supposons que la ligne des avant-postes, figurée sur notre planche, ne puisse être forcée par de faibles patrouilles ennemies; qu'au contraire, les patrouilles et les postes de l'escadron de découverte *se laissent* traverser, ou plus exactement n'arrivent pas à saisir le moment où des cavaliers ennemis se faufilent à travers leurs lignes. Admettons aussi que, dans les deux hypothèses, l'ennemi se trouve à 2 verstes de la ligne des avant-postes ou des patrouilles.

Dans le premier cas, la patrouille envoyée par l'ennemi, du point *a*, devra tourner un des flancs de la ligne des avant-postes; elle fera donc, pour aller jusqu'au gros et en revenir, au plus 24 verstes [1]. La patrouille lancée du point *a′* situé en avant du front d'exploration de l'escadron de découverte devra, en admettant qu'elle suive une grande route et ne rencontre pas d'obstacles, faire un trajet presque aussi long, rien que pour atteindre le corps ennemi; autant pour revenir : en tout, à peu près 45 verstes [2]; comme elle ne peut suivre la ligne directe, occupée par toute une série de détachements, il en résulte que ce parcours sera considérablement augmenté.

D'ailleurs, l'expérience démontre qu'on peut, surtout la nuit ou au moment du crépuscule, pénétrer à travers les avant-postes, sans

---

1. Cette circonstance est la plus favorable; car si la patrouille part d'un point voisin du flanc de la ligne, son parcours sera moindre.

2. Si l'escadron de découverte est à 10 verstes de l'avant-garde, le trajet sera d'environ 35 verstes.

être vu, dût-on même simuler une attaque ; et alors le trajet relativement plus court des patrouilles ennemies sera encore un désa-
vantage pour la troupe assaillie. La ligne des avant-postes assure
donc au détachement une protection meilleure contre les vues de
l'ennemi que celle des postes reliés par des patrouilles ; en revanche, elle permet à l'ennemi et le force même de s'approcher si
près du gros, que les renseignements fournis par ses éclaireurs
pourront parvenir à temps. Au contraire, s'il est plus facile à l'adversaire de pénétrer à travers l'escadron de découverte, la patrouille n'en aura pas moins à franchir ensuite une telle distance
que les renseignements ne pourront être fournis en temps opportun.

Passons au second point de vue :

2° Permettre, en cas d'attaque vigoureuse de la part de l'adversaire, de prendre les dispositions de combat.

Au premier abord, la préférence doit être accordée à la ligne
d'avant-postes qui a pour mission de contenir l'adversaire ; toute
son organisation est reconnue comme dirigée dans ce sens. Mais nous
savons déjà, qu'à ce propos, on a tort d'attribuer à la cavalerie les
propriétés de l'infanterie, celles de s'attacher à chaque accident
du sol et de contraindre l'ennemi à combattre pied à pied, afin de
gagner du temps ; cette observation est vraie lorsqu'on a affaire aux
patrouilles de l'adversaire ; mais, si une troupe en force prononce
l'attaque à une allure rapide, elle désorganisera les avant-postes
par son seul choc et, marchant sur leur trace, elle franchira rapidement la distance relativement faible qui la sépare de l'avant-
garde, tombera sur elle, puis sur le gros, au moment où celui-ci
aura à peine reçu la nouvelle envoyée par le commandant des
avant-postes.

Il n'en sera pas de même avec l'escadron de découverte ; celui-
ci opposera une résistance énergique et cherchera sans cesse à
contenir l'ennemi, fût-il même en force ; à cet effet, lui et ses
patrouilles s'attacheront de tous côtés à l'ennemi [1] et, sans perdre
le contact, ils enverront une série de communications sur sa force

1. C'est ainsi qu'on devra opérer dans les manœuvres.

numérique, la direction de son mouvement, etc. ; leurs renseignements parviendront rapidement à l'avant-garde et au gros ; ils seront, en effet, transmis par la correspondance de campagne avec une vitesse plus grande et *plus uniforme quelle que soit la distance* ; ils devanceront donc l'adversaire qui, pour atteindre l'avant-garde, aura à faire une demi-étape (de 15 à 18 verstes et même davantage) et se sentira entouré et suivi par des partis ennemis.

Rappelons à cet égard une observation que nous avons déjà faite à la page 30 ; nous voulons parler de l'influence que les escadrons de découverte, explorant à grande distance, exercent sur le moral et le mouvement des colonnes qu'ils couvrent ; il est bon également de remarquer que les régiments de cavalerie, qui ont essayé chez nous ce système d'exploration, se sont familiarisés bien vite avec ce procédé et l'ont apprécié très favorablement.

En résumé, il semble qu'on doive, sans hésitation, préférer le système des escadrons de découverte pendant la période où l'on se rapproche de l'ennemi ; il est bien entendu qu'on ne peut l'appliquer lorsque l'ennemi est en vue. Ce procédé est particulièrement avantageux quand on ne sait pas exactement où se trouve l'adversaire, quelle est sa force et à quel moment on est exposé à le rencontrer.

D'une manière générale, on doit lancer l'escadron de découverte en avant, dès qu'on peut le détacher à 5 verstes de la tête d'avant-garde.

Les patrouilles volantes, poussées à des distances considérables, peuvent être utilisées comme complément à l'un et l'autre mode d'exploration ; or j'ai déjà eu occasion de dire que ces patrouilles opèrent à une si grande distance que leurs renseignements sur la disposition des forces ennemies ne peuvent pas toujours servir pour se préparer immédiatement au combat ; de plus, la patrouille volante peut être prise ou repoussée dans une autre direction ; ses renseignements n'arriveront pas ou arriveront trop tard ; elle est en mesure d'aider l'escadron de découverte dans sa reconnaissance, mais elle ne saurait modifier l'obligation qu'il a de *faire cette reconnaissance immédiatement avant le combat*.

Examinons encore quelques questions importantes se rattachant au service d'exploration de la cavalerie.

Allure.

« Ils sont arrivés trop tard (*das trop tard*), dit le général Schmidt dans ses instructions bien connues, est le pire reproche que l'on puisse adresser à la cavalerie. » En effet, la cavalerie est incapable de lutter pied à pied, dans le sens qu'on donne à ce mot dans les combats d'infanterie ; elle peut et doit chercher le succès dans des apparitions soudaines et imprévues, puis dans la vigueur des opérations. C'est seulement ainsi qu'elle pourra mettre entièrement à profit sa faculté précieuse d'*affoler*.

Les adversaires des allures rapides dans la cavalerie disent qu'elles fatiguent extrêmement les chevaux et amènent chez eux l'usure du rein. Cette opinion n'est fondée que pour des vitesses exagérées, c'est-à-dire pour de longs parcours exécutés au trot et au galop. Mais les passages répétés du pas au trot, autrement dit l'alternance des allures, loin d'être nuisibles sont au contraire à recommander. Les allures rapides fatiguent, en effet, moins le cheval qu'une station prolongée, sans nourriture, avec la selle et le cavalier sur le dos ; un bon repos suffit largement pour remettre le cheval de la course qu'il a fournie.

On prétend aussi, chez nous, qu'en route, les chevaux ne tardent pas à prendre le pas allongé, et qu'à cette allure ils font, sans fatigue, 6 verstes à l'heure.

Cette opinion s'est fait jour dans les dix dernières années, à la suite des combats que notre cavalerie a livrés aux cavaleries asiatiques, à celle de la Turquie en particulier. On sait qu'en Orient les chevaux marchent naturellement l'amble ou le traquenard ; ceux qui ne possèdent pas cette allure, la prennent facilement par un dressage artificiel, toujours nuisible d'ailleurs. Ainsi chez les Kirghiz, lorsque les chevaux ne sont pas aptes à marcher l'amble, on leur fait atteindre la vitesse habituelle de marche en les laissant trottiner. Dans notre cavalerie régulière, on ne saurait développer l'allure rapide du pas ; la différence de provenance des chevaux et aussi de structure du mors s'y opposent absolument. La cavalerie turque se sert de mors durs et marche un pas extrêmement rapide ; mais il ne faut pas perdre de vue que ce pas est artificiel et la plupart de ses chevaux sont usés du devant. Il y a lieu de remarquer également que l'emploi du pas allongé sur de longs parcours fatigue considérablement les hommes, parce qu'alors nombre de chevaux marchent irrégulièrement et se bercent.

Ces mêmes partisans du pas prétendent qu'avec les allures alternées on use le rein des chevaux. L'expérience ne confirme pas cette assertion. Ainsi, pendant la dernière campagne, plusieurs divisions de cavalerie eurent à faire en Roumanie une marche forcée de 600 verstes, à raison de 40 à 50 verstes par étape. Une des divisions fit cette route au pas ; les chevaux, conduits sur le filet, fournirent péniblement une vitesse d'environ 6 verstes. Malgré la bonne organisation et l'ajustage du harnachement, il y eut, en arrivant au Danube, une quantité considérable de chevaux indisponibles dans les régiments. Le séjour prolongé qu'on fit près du fleuve améliora un peu leur situation ; mais lorsqu'on entra ensuite en Bulgarie, le chiffre des chevaux malades s'accrut de nouveau très rapidement bien qu'on n'eût pas employé les allures alternées.

A quelle cause doit-on attribuer un pareil résultat ? Ce n'est ni à la rapidité de l'allure, ni au mauvais état du harnachement.

Voici la seule explication qu'on puisse en donner. Avant le passage du Danube, les chevaux étaient encore en bon état; mais, les hommes fatigués par les étapes prolongées ont dû se laisser aller sur leur selle ; ce fait a, d'ailleurs, été constaté. Après la traversée du fleuve, à cet inconvénient est venu s'ajouter la maigreur extrême des chevaux.

Pour empêcher les hommes de se balancer à cheval, on peut employer deux moyens. Le meilleur est de réduire le temps passé en selle, et par suite la fatigue du cavalier: il n'est pas toujours réalisable. Le second procédé qui rentre dans le premier et qui a pour effet de réveiller les hommes et les chevaux, consiste à faire prendre de temps en temps le trot. Ceux qui ont fait de longues étapes savent jusqu'à quel point une marche prolongée, en colonne, en conservant constamment l'allure du pas, finit par devenir fastidieuse et assoupit les cavaliers ; dans notre cavalerie, lorsqu'un chef s'aperçoit que sa troupe commence à dormir et que les hommes oscillent sur leur selle, il fait trotter pendant la verste suivante pour les réveiller : tout se ranime aussitôt, la position en selle devient régulière, on entend des conversations et des rires dans la colonne.

On a parfois fourni, contre l'emploi des allures alternées, l'argument suivant : « Une bonne exploration du terrain exige un mouvement aussi lent que possible ; aux allures rapides, les patrouilles voient peu. » Il me semble que cette opinion est erronée et voici pourquoi : d'abord le terrain indique de lui-même les allures que l'on doit prendre ; dans la plupart des cas, surtout dans les pays cultivés et peuplés, il présente des aspects divers ; la patrouille rencontre-t-elle un bois, elle le fouille au pas ; l'ayant franchi, elle découvre un champ, aussitôt elle prend le trot jusqu'au couvert suivant. En second lieu, la cavalerie asiatique nous fournit un exemple frappant : elle parcourt avec une vitesse extraordinaire même les bois épais ; il faut en conclure que la traversée rapide des bois et autres couverts dépourvus de route doit être considérée comme une chose possible ; si l'opinion généralement accréditée chez nous n'admet pas cette possibilité, cela tient principalement à l'insuffisance d'instruction de notre cavalerie, au point de vue des marches en campagne.

Voyez, d'ailleurs, nos chefs de meute et nos piqueurs, lorsqu'ils se lancent à la poursuite de bêtes isolées ou en troupe, par des fourrés épais, à travers des souches et des marécages.

Je ne crois pas qu'il soit toujours pratique en campagne de faire marcher une colonne de cavalerie, la montre en main, une verste au pas et une verste au trot, comme certains le conseillent ; je prétends, cependant, que la vitesse moyenne d'une colonne de cavalerie doit être, y compris les courtes haltes, d'au moins 7 verstes à l'heure ; les petits détachements et les patrouilles peuvent faire

*

7 1/2 verstes et même davantage. Il faut compter, au pas 1 verste en 10 minutes, au trot 1 verste en 5 minutes, et en moyenne 15 minutes de repos par chaque couple d'heures de marche.

Remarque. — Voici un exemple de décomposition d'étape aux allures alternées.

Étape de 14 verstes [1].

		Verstes.	Minutes.		
	Au pas . .	2	20		Au pas 4 verstes en 40 minutes.
	— trot . .	1	5		
7 verstes	— pas . .	1	10	55 minutes.	
	— trot . .	2	10		Au trot 3 verstes en 15 minutes.
	— pas . .	1	10		
	Repos . . .		10 à 15		

		Verstes.	Minutes.		
	Au pas . .	1	10		Au pas 3 verstes en 30 minutes.
	— trot . .	2	10		
7 verstes	— pas . .	1	10	50 minutes.	
	— trot . .	2	10		Au trot 4 verstes en 20 minutes.
	— pas . .	1	10		

Total . . . . . . 14 verstes en 1ʰ55 à 2 h.

Étape de 28 verstes.

7 verstes	55	
repos	10	
7 verstes	50	En tout 28 verstes en 240 minutes = 4 heures, soit 7 verstes à l'heure.
repos	10	
7 verstes	50	
repos	10	
7 verstes	55	

Au bivouac ou au cantonnement.

Comment est-il préférable d'établir la cavalerie pour passer la nuit dans la sphère d'action de l'ennemi, au bivouac ou au cantonnement?

---

1. Nous rappelons que la verste est de 1,067 mètres. (*N. du Trad.*)

Si l'on tient compte de la fatigue des hommes et des chevaux pendant les opérations de la guerre et des avantages que présente pour les hommes et surtout pour les chevaux le repos sous un abri, on voit que la question a une importance capitale.

Supposons la cavalerie au bivouac : pendant le silence de la nuit, des coureurs ennemis arrivent ; ils pénètrent jusqu'au piquet des chevaux, ils tirent, font du bruit, poussent des cris. Une bagarre indescriptible s'ensuit, les chevaux se détachent et prennent la fuite, etc. Ce désordre est difficile à éviter et l'histoire militaire nous en fournit plus d'un exemple.

Le seul moyen de ne pas perdre de chevaux dans ces circonstances consiste à les entraver ; or, notre cheval n'est pas habitué aux entraves ; de plus, il s'y repose généralement mal, car il ne peut s'étendre à son aise ; en évitant un inconvénient, ce procédé en crée donc un autre encore plus grave. Malgré l'exemple de notre voisin d'Orient et les nombreux essais tentés en vue d'introduire chez nous les entraves, la plupart de nos officiers de cavalerie les plus expérimentés n'en sont point partisans.

L'installation au bivouac a-t-elle l'avantage de permettre aux cavaliers d'être plus vite en selle en cas d'alerte ? La chose n'est pas bien démontrée. Dans l'obscurité profonde et surtout par des temps pluvieux, il est difficile, avec un harnachement humide et lourd et des courroies détrempées, de harnacher et surtout de seller régulièrement le cheval ; la difficulté devient encore plus grande lorsqu'on entend sonner la générale. Il n'en sera pas de même dans une écurie ou sous un hangar protégé par une clôture : l'ennemi ne pourra y accéder ; on y disposera parfois d'une lumière (flambeau ou feu de bois).

Admettons qu'au bivouac on ait réussi à seller : les hommes sont vêtus, armés, et grâce à la concentration des troupes en un même lieu, ils sont prêts à la lutte avant l'approche de l'ennemi.

En quoi consistera cette lutte ? Le plus souvent, la nuit, une troupe à cheval ne pourra que se dérober ; quant au combat, elle ne pourra le livrer qu'à pied, et alors il sera nécessaire d'assurer la protection des garde-chevaux placés à découvert, ce qui compliquera singulièrement les difficultés déjà considérables du combat de nuit.

En effet, il ne peut être question d'occuper, avec des cavaliers à pied, une ligne assez étendue pour protéger les garde-chevaux ; on ne dispose pas d'assez de monde pour cela ; que des cavaliers ennemis tombent la nuit sur les garde-chevaux, que les chevaux soient effrayés par le bruit de la mousqueterie, un désastre sera inévitable.

Il n'en sera pas de même si la cavalerie est cantonnée dans les fermes.

L'ennemi vient de la surprendre ; elle n'a pas été avertie à temps de son approche ; de tels cas se sont déjà présentés et se reproduiront dans toutes les guerres. S'il la trouve au bivouac endormie ou en train de seller, la situation des défenseurs sera désespérée. S'il tombe sur des fermes ou des écuries, il se heurtera contre les clôtures derrière lesquelles les cavaliers surpris seront accourus, fût-ce même en simple chemise ; il sera reçu par un feu de mousqueterie. L'assaillant réussira peut-être à inquiéter çà et là le défenseur ; il n'en sera pas moins forcé de sortir du village où les balles ennemies ne tarderont pas à rendre son séjour difficile et surtout inutile.

Le même fait se produira, il est vrai, au bivouac, si le détachement a eu soin de s'entourer d'une clôture ou de n'importe quel obstacle ; mais cette disposition gênera ses propres mouvements, tandis que rassembler les troupes dans le village, les faire ensuite sortir dans la campagne en passant par une rue gardée par des tirailleurs à pied, sont des opérations faciles, si l'on a songé, en occupant le village, à prendre toutes les mesures nécessaires et à porter ces dispositions à la connaissance de la troupe tout entière.

Au nombre de ces mesures nous citerons :

1.° La reconnaissance du village et de ses alentours. Elle a pour but de reconnaître les directions par lesquelles l'ennemi peut faire irruption, de fixer les points de rassemblement en cas d'alerte, de répartir les troupes par quartiers, de prendre les mesures d'ordre à l'intérieur du village, de défense des abords, etc.

2° L'occupation convenable des fermes. On doit s'efforcer de grouper les troupes autant que possible, en occupant principalement les fermes spacieuses pourvues de vastes écuries ou hangars, les auberges, les bâtiments avec de grands magasins, etc.

3° Éviter de fractionner une même unité dans plusieurs maisons ou dans différentes parties du village, de couper le quartier d'un escadron par une rue, un jardin, etc. Prendre, au contraire, toutes les dispositions pour rassembler rapidement l'escadron; faire converger vers l'intérieur toutes les lignes de communication entre les écuries et le point de rassemblement, en suivant les fermes et non les rues; à cet effet, abattre les clôtures s'il y a lieu, etc.

4° Établir, la nuit, sur les abords par lesquels l'ennemi peut s'introduire, des détachements choisis parmi les troupes de service; disposer ces détachements dans les maisons voisines en les faisant garder par des sentinelles. Barrer plus ou moins solidement les autres abords.

5° Placer dans les directions voisines, autour du village, des sentinelles chargées de prévenir de l'approche de l'ennemi, etc.

On ne saurait énumérer toutes les mesures. Le but à atteindre est celui-ci : préserver les chevaux et les hommes contre une attaque subite de la cavalerie ennemie, et dans le cas où celle-ci pénétrerait dans le village, permettre aux troupes à pied de la chasser par un feu de mousqueterie; éviter, avant tout, la précipitation dont les conséquences sont si funestes; pour cela, le meilleur moyen est d'indiquer à temps, et à chaque homme si c'est possible, ce qu'il a à faire en cas d'alerte. Tous les efforts doivent avoir pour objet de permettre au détachement de se concentrer rapidement et sans difficulté sur le point choisi pour le rassemblement, grande ferme, position derrière une barrière, etc., afin de se trouver, le plus vite possible et en un lieu relativement sûr, dans les mains de son chef.

Les circonstances dicteront ensuite ce qu'il restera à faire.

Ainsi, *il est plus avantageux de faire cantonner la cavalerie que de l'établir au bivouac*. Cette observation s'applique à l'avant-garde et au gros des colonnes de cavalerie. Quant aux escadrons de découverte et aux pelotons de reconnaissance, ils auront tout avantage à s'entourer d'une barrière pour la nuit ; en effet, ils sont exposés à un danger sérieux, mais ils pourront, grâce à leur faible effectif, échapper facilement aux vues de l'adversaire et occuper des édifices, des auberges, des fermes, etc., où il sera difficile de les découvrir dans l'obscurité et d'où ils auront encore la faculté de suivre l'ennemi ; s'ils venaient à être enveloppés, il leur serait facile, la nuit, de se frayer un passage ou, au besoin, de se retrancher derrière les bâtiments et les clôtures jusqu'à l'arrivée des renforts.

De la nécessité de communiquer à la troupe certains renseignements relatifs aux opérations.

Pour terminer cette étude, rappelons encore une mesure d'ordre moral, dont dépend le succès des opérations, surtout dans la cavalerie.

J'ai indiqué, au début, l'importance considérable de la cavalerie dans les guerres actuelles ; j'ai démontré, ensuite, que dans cette arme plus que dans toute autre, l'habileté, l'expérience et la décision de chaque individu, même du simple soldat, peuvent avoir une influence capitale sur le sort de tout le détachement.

Nous avons vu que les unités se fractionnent de plus en plus dans le service d'exploration ; que le succès du corps tout entier dépend du service des patrouilles et celui-ci de la décision, de l'expérience, de l'instruction, du jugement du chef, aussi bien que des simples cavaliers. Le plus ancien de la patrouille — chaque cavalier peut d'ailleurs se trouver dans ces conditions — acquiert une indépendance presque complète ; il doit juger, discerner, décider, sans le secours d'aucun conseil ; il a besoin, pour cela, d'un caractère bien trempé et de facultés intellectuelles développées. Ces considérations devraient entrer en ligne de compte lors de l'affectation des hommes à la cavalerie ; il ne faut pas pourtant que ces qualités excluent la force physique ; car dans la cavalerie, plus que dans les autres armes, la vigueur corporelle est indispensable en campagne.

Quel que soit le développement de son intelligence, le soldat ne pourra rendre de réels services que s'il a conscience de sa tâche. Cette observation s'applique à toutes les armes ; elle est surtout importante dans la cavalerie, où les hommes opèrent partout et toujours isolément, sans recevoir d'indications de leurs supérieurs. On voit par là l'importance qu'il y a à faire connaître à tous les cadres d'un détachement de cavalerie le but et les détails des opérations qui seront entreprises.....

Voici une patrouille en mouvement se dirigeant vers l'ennemi : son chef marche en avant, sans rien dire ; de temps en temps il s'arrête, regarde à travers sa jumelle, donne des ordres brefs, rédige des informations, etc. Derrière lui des cavaliers marchent en silence, conservant un air sombre, ils ne savent où et pourquoi on les mène ; ce qui les environne les intéresse peu ; à peine jettent-ils parfois un regard autour d'eux ; une seule pensée les préoccupe tous : faire la route, arriver, se reposer dans les conditions les plus favorables.

Voici une autre patrouille : avant le départ, le chef a réuni ses hommes autour de lui ; il leur a fait connaître la configuration générale du terrain, la direction des chemins importants, des cours d'eau, des hauteurs, des marais ; il leur a énuméré les principaux points habités, etc. ; il leur indique ensuite l'emplacement réel ou supposé de l'ennemi, les positions occupées par les troupes amies ; il leur expose la mission qui est confiée à la patrouille et termine en donnant les ordres relatifs aux mouvements et aux opérations. Il ne se contente pas de ces indications.

Sa patrouille une fois en mouvement, il se retourne de temps en temps vers ses hommes, leur fait connaître plus amplement le terrain, leur en indique les particularités ; — aperçoit-il quelque détail du sol intéressant, il leur communique ses impressions, les invite à en vérifier l'exactitude, demande leur avis ; — reçoit-il des renseignements apportés par des éclaireurs, il les lit à haute voix et les complète par des explications, etc.

Jetez, lecteur, un coup d'œil sur cette patrouille et comparez-la à celle que nous vous avons montrée plus haut; au lieu de regards sombres, vous verrez des visages pensifs mais animés : les hommes regardent attentivement à droite, à gauche, en avant; ils se communiquent à mi-voix leurs impressions ; s'ils aperçoivent un objet qui leur paraît important, ils en font part à leur chef. On ne remarque chez eux ni lassitude, ni ennui : tout démontre qu'ils ont conscience de leur tâche et qu'ils l'exécutent de bonne volonté. Que le chef ait besoin de donner un ordre, d'envoyer une dépêche, il n'a qu'à dire quelques mots pour compléter ce dont les hommes se sont déjà rendu compte et qu'ils savent par eux-mêmes. Essayez d'imiter l'exemple de ce chef de patrouille, vous serez frappé de l'intérêt avec lequel les grades inférieurs vont se mettre à la besogne ; écoutez leur conversation, leurs remarques, leurs observations, et vous serez étonné de la sagacité et du jugement que l'on rencontre chez notre vulgaire paysan. Vous vous apercevrez bientôt que vous n'êtes pas seul à la tâche, que vous avez autour de vous tout un groupe d'excellents auxiliaires prêts à observer et à vous communiquer une foule de détails qui vous auront échappé ; ils confirmeront votre confiance dans le succès de l'entreprise et faciliteront votre besogne.

Ce qui est vrai pour la patrouille s'applique à toute autre fraction de troupe, avec cette différence que, dans l'escadron, par exemple, le commandant fait les communications qu'il juge nécessaire, aux officiers, sous-officiers et éclaireurs, et ceux-ci les transmettent aux hommes du rang.

C'est ce système qui a été appliqué dernièrement par la 1re division de cavalerie dans ses exercices du service en campagne. Le commandant de l'escadron reçoit le thème de la manœuvre une heure avant le départ ; il rassemble ses officiers et en fait la lecture devant eux ; on étudie la carte ; on se rend compte des opérations qui vont être exécutées: les ordres sont donnés en conséquence. Les officiers rassemblent ensuite autour d'eux leurs pelotons, leur transmettent les renseignements sur la configuration du terrain et la substance de la manœuvre. Le commandant de l'escadron en fait autant avec les sous-officiers et les éclaireurs. On donne alors le mot et, à l'heure indiquée, l'escadron se met en mouvement.

Autrefois, les officiers ne croyaient pas qu'un commandant de division eût besoin de faire connaître le thème des opérations à ses troupes; j'ai été moi-même témoin du fait; aujourd'hui, après l'expérience répétée des manœuvres, l'utilité de cette mesure est universellement reconnue; elle est tellement entrée dans les habitudes qu'on ne pense même plus à la critiquer.

Placement des vedettes sur la chaîne.

Dans la description que j'ai donnée du mouvement de la colonne de cavalerie, aux pages 11 et suivantes (voir planche 1), j'ai parlé, entre autres, de la disposition de la ligne des vedettes ennemies en avant du village A ; j'ai dit que des sentinelles ont été aperçues sur les toits des maisons.

Comme les avant-postes présentent un des moyens les plus usités pour protéger des troupes au repos, je me propose de dire quelques mots de l'établissement des vedettes sur la ligne des avant-postes.

Notre règlement prescrit aux vedettes de rester nuit et jour à cheval. Je suis d'avis que, dans la plupart des cas, cette règle est bonne. Je regrette, toutefois, qu'on ne soit pas autorisé à s'en écarter, en cas de besoin.

Le service des avant-postes est difficile et pénible; aussi a-t-on avantage à réduire le plus possible le nombre des hommes qui en sont chargés. Or, pour diminuer le chiffre des vedettes, il faut nécessairement accroître l'horizon attribué à chacune d'elles; il est donc indispensable d'utiliser, à cet effet, tous les détails du sol. Cette mesure a une importance considérable : elle permet de ménager les forces des hommes et d'augmenter la résistance des avant-postes en cas d'attaque de l'ennemi; l'aptitude des troupes de sûreté à repousser par la force des partis ennemis de faible impor-

tance, dépend évidemment non de la densité de la ligne des vedettes, mais de l'horizon visible des différents postes (horizon qui,
s'il est étendu, permet d'annoncer à temps l'apparition de l'ennemi) et de la force numérique des réserves de cette ligne (soutien
et poste principal).

Chaque fois que l'on fait passer un homme d'un poste (petit
poste) au soutien, sans toutefois que la surveillance en souffre,
on augmente la force du dispositif des avant-postes. Dans la pratique, cette considération est souvent perdue de vue chez nous.

L'installation de chaque poste doit remplir les conditions suivantes :

1° Voir le plus loin possible, en avant et sur les flancs, *en
évitant d'être vu de l'ennemi.*

2° Les postes doivent avoir entre eux un intervalle assez restreint
pour que personne ne puisse traverser la chaîne de vedettes sans
être vu.

Figurez-vous un village établi sur un terrain plat et découvert,
ou sur une élévation peu considérable ; tout autour, on découvre
un vaste horizon ; la ligne des avant-postes coupe le village. Comment vous semble-t-il préférable de placer les vedettes : à cheval,
le long de la lisière du village, ou à pied sur les toits des plus
hauts bâtiments d'où l'on découvre un horizon incomparablement
plus étendu ? Vous répondrez certainement ceci : à cheval, la vedette
voit moins, elle est vue plus facilement de l'ennemi ; sur le toit,
elle voit notablement plus et mieux, l'ennemi ne peut la voir qu'à
très petite distance. De plus l'homme placé sur le toit et son cheval
laissé au poste se fatiguent moins ; c'est un avantage également
très important. Plus la sentinelle voit loin et nettement, plus on
peut diminuer la densité de la chaîne ; plus on peut laisser d'hommes
au repos au poste de soutien et renforcer, par cela même, tout le
dispositif des avant-postes. Cette observation vise principalement
les arbres qui bordent les bois, les arbres isolés, les meules de
blé, les tours, les clochers, etc. Tous ces objets doivent être uti-
lisés pour étendre l'horizon de la sentinelle qui reçoit l'ordre de
grimper au sommet. Il va sans dire qu'un aide doit se tenir au

pied de l'observatoire ainsi choisi, pour suivre le mouvement de la sentinelle sur le toit, sur l'arbre, etc.

L'expérience a démontré qu'il est très difficile à l'ennemi de déterminer l'emplacement de la ligne des avant-postes lorsque les sentinelles ont été disposées d'après ce procédé. De loin il ne voit rien ; ses patrouilles envoyées en avant se rencontrent avec les cavaliers de l'adversaire et supposent qu'elles ont affaire à une patrouille ennemie. Quant à l'existence de la chaîne d'avant-postes, souvent il ne la soupçonne même pas.

Voilà pour le service de jour ; quand il fera nuit, comment devra-t-on opérer ?

Notre règlement prescrit formellement : « Pour voir la nuit, il faut se placer dans les endroits bas. » Dans la pratique cela signifie qu'il faut placer ses yeux assez bas pour que la surface des objets qui entourent l'observateur ou le terrain (l'horizon nocturne), se projette sur le ciel ; celui-ci, sauf le cas d'un temps très pluvieux ou humide et très couvert, se trouve assez éclairé, même au moment de la nouvelle lune.

Le règlement prescrit aussi d'être attentif au moindre bruit ; la vue et l'ouïe sont donc simultanément en éveil chez la sentinelle. On sait d'ailleurs que l'oreille perçoit mieux au milieu d'un silence complet ; dans certains cas on est obligé d'appliquer l'oreille contre terre pour distinguer, de loin, le pas des chevaux, le roulement des voitures, etc. Enfin, tous ceux qui ont monté la garde pendant la nuit, savent que pour observer quoi que ce soit, il faut se lever, se baisser, plier le corps, se déplacer de quelques pas en avant, en arrière, de côté ; en un mot, pour observer la nuit, il faut être constamment en mouvement tout en conservant, bien entendu, un silence absolu. A cheval, tous ces déplacements sont très difficiles, quelquefois même impossibles ; dans l'obscurité de la nuit, on voit toujours plus mal étant en selle qu'à pied ; la nuit, le cheval s'effraie du moindre bruit ; en cas de surprise de l'ennemi, la sentinelle doit éviter de se faire entendre, or le cheval séparé de ses camarades s'inquiète et souvent pousse des hennissements.

Toutes ces considérations démontrent que pendant les nuits obs-

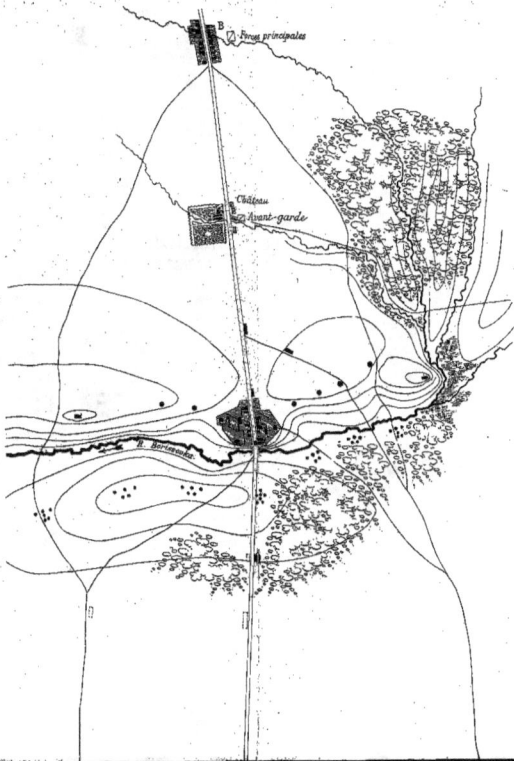

Feux principales

Château
d'Avant-garde

R. Bastaouse

PLANCHE I.

LÉGENDE.

DÉCOMPOSITION
DE L'EFFECTIF DE L'ESCADRON DE DÉCOUVERTE.

Un escadron à 14 files par peloton comprend :
Maréchal des logis chef 1 ; sous-officiers 11 ; cavaliers 112 ; trompettes 3.
TOTAL . . . . 127 hommes.

Décomposition du personnel :

Peloton de reconnaissance	Sous-officiers	3	
	Cavaliers	28	
	Trompette	1	
	TOTAL	34	
Quatre patrouilles latérales	Cavaliers	20	
	Sous-officiers	4	
	TOTAL	54	54 hommes.
Il reste dans l'escadron de découverte	Maréchal des logis chef	1	
	Sous-officiers	7	
	Trompettes	2	
	Cavaliers	64	73 hommes.

DÉCOMPOSITION
DE L'EFFECTIF AVANT LA RENCONTRE DE L'ENNEMI.

Peloton de reconnaissance :

Patrouille de tête	Sous-officier	6 7	
		1	
2 patrouilles latérales à raison de 5 hommes chacune .		10	20 hommes.
4 patrouilles supplémentaires		20	
	Sous-officiers	2	
Il reste à la disposition du commandant du peloton de reconnaissance.	Cavaliers	13	16 hommes.
	Trompette	1	
	TOTAL	54 hommes.

Dans l'escadron de découverte :

Patrouille de tête	Sous-officier	1	6 hommes.
	Cavaliers	5	
2 patrouilles latérales, chacune . . .	Sous-officier	1	10 hommes.
	Cavaliers	4	
	Maréchal des logis chef	1	
Il reste dans le rang	Sous-officiers	5	57 hommes.
	Trompettes	2	
	Cavaliers	51	
	TOTAL	73 hommes.

DÉCOMPOSITION
DE L'EFFECTIF DE L'AVANT-GARDE.

Effectif total : 2 escadrons, soit 127 × 2 = 254 hommes.

DÉTACHEMENT DE TÊTE.	Sous-officiers	2	
1 peloton.	Trompette	1	
	Cavaliers	32	
	TOTAL	35	

Sa décomposition :

Patrouille de tête	Sous-officier	1 5	11
	Cavaliers	4 6	
2 patrouilles latérales, chacune de . .	Sous-officier	1	
	Cavaliers	4	
	Sous-officiers	2	
Il reste dans le rang.	Trompette	1	21
	Cavaliers	18	
	TOTAL	35 hommes.

DÉTACHEMENT AVANCÉ.	Maréchal des logis chef	1	
3 pelotons.	Sous-officiers	9	
	Trompettes	3	
	Cavaliers	81	
	TOTAL	95

Sa décomposition :

Patrouille de tête	Sous-officier	1	4
	Cavaliers	3	
2 patrouilles latérales, chacune de .		3 6	
2 patrouilles sur les flancros latéraux chacune de . .	Sous-officier	1	12
	Cavaliers	5	

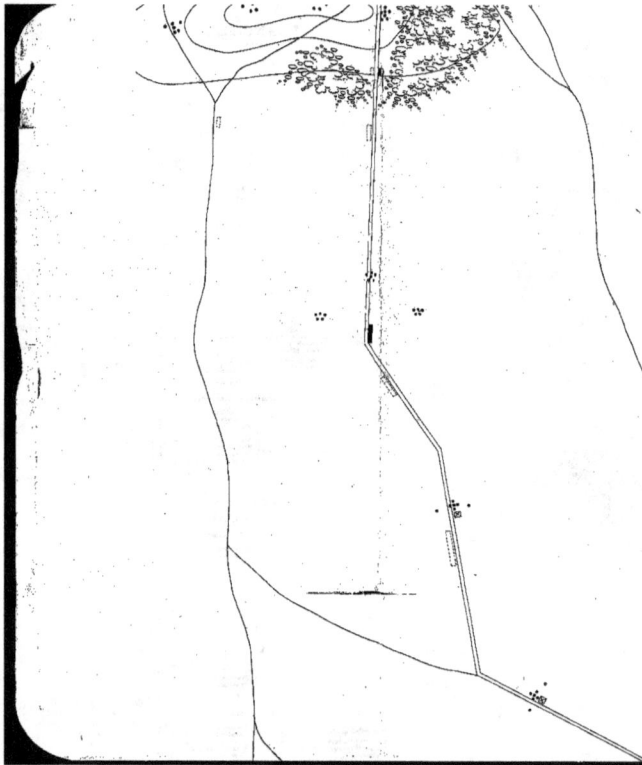

DÉCOMPOSITION
DE L'EFFECTIF DE L'AVANT-GARDE.

Effectif total : 2 escadrons, soit 127 × 2 = 254 hommes.

DÉTACHEMENT DE TÊTE.

1 peloton . . . .
Sous-officiers	3
Trompette	1
Cavaliers	18
Total	**22**

Sa décomposition :

Patrouille de tête	Sous-officier . . .	1	6 } 11
2 patrouilles latérales, chacune de . .	Cavaliers	5 }	
Il reste dans le rang	Sous-officiers . . .	1	} 11
	Trompette	1	
	Cavaliers	13	
	Total		**22 hommes.**

DÉTACHEMENT AVANCÉ.

3 pelotons . . . .
Maréchal des logis chef . .	1
Sous-officiers	8
Trompettes	2
Cavaliers	54
Total	**65**

Sa décomposition :

Patrouille de tête	Sous-officier . . .	1	6
2 patrouilles latérales, chacune de . .	Sous-officier . . .	1	} 8
2 patrouilles sur les chemins latéraux, chacune de . .	Cavaliers	5	12
2 postes de correspondance mobile de campagne comprenant chacun :	Sous-officier . . .	1	14
	Cavaliers	6	
Total	Sous-officiers . . .	5	} 36
	Cavaliers		
Il reste dans le rang	Maréchal des logis chef	1	
	Sous-officiers . . .	3	} 29
	Trompettes	2	
	Cavaliers	23	
	Total		**65 hommes.**

AVANT-GARDE (1 escadron) . . . .
Maréchal des logis chef	1
Sous-officiers	11
Trompettes	3
Cavaliers	112
Total	**127**

Sa décomposition :

Patrouille de tête	Sous-officier . . .	1	4
2 patrouilles latérales, chacune de . .	Cavaliers	3	} 10
	Cavaliers	6	
Total	Maréchal des logis chef	1	
Il reste dans le rang	Sous-officiers . . .	10	} 117
	Trompettes	3	
	Cavaliers	103	
	Total		**127 hommes.**

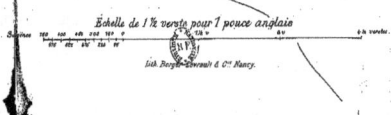

Du décomposition :

Patrouille de tête . . . . { Sous-officier 1
                               { Cavaliers 4

2 patrouilles latérales, chacune de . . . . . { . . . . 2 }

TOTAL 10

Il reste dans le rang . . . . { Sous-officier 1
                               { Maréchal des logis-chef 1
                               { Sous-officiers . . . . 10 } 117
                               { Trompettes 3
                               { Cavaliers 103

TOTAL . . . . . . 127 hommes.

Échelle de 1 ½ verste pour 1 pouce anglais

Lith. Berger-Levrault & Cⁱᵉ Nancy.

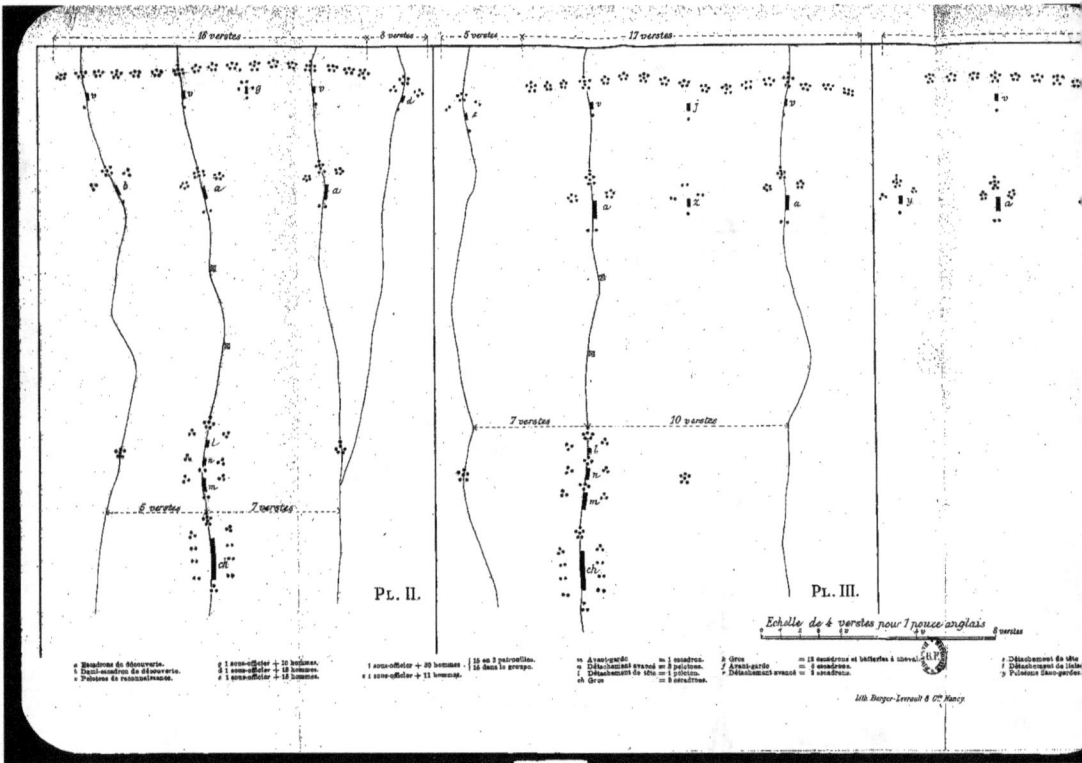

PL. II.

PL. III.

Echelle de 4 verstes pour 1 pouce anglais

Lith. Berger-Levrault & Cⁱᵉ Nancy

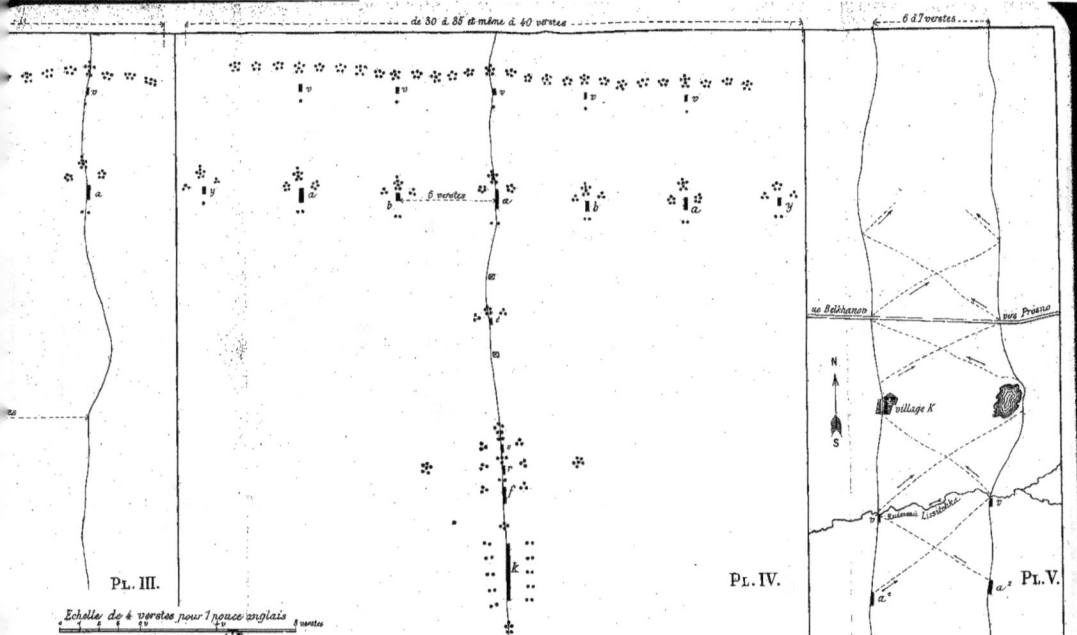

Pl. III. Pl. IV. Pl. V.

Echelle de 4 verstes pour 1 pouce anglais

REMARQUE. — Les distances sont toutes conformes à l'échelle, mais les colonnes et les détachements de troupes sont figurés à une échelle plus grande pour la clarté du dessin. Les distances sont exactement prises à partir de la tête des colonnes.

Pl. VI

• 300 •	• 300 •	• 300 •	• 300 •	• 300 ••	• 300 ••	• 300 ••	• 300 ••	• 300 ••
		300	300	300	300	300	300	à 300
		•	••	••	••	•••	•••	••

Échelle de 500 pas pour 1 pouce anglais

pas

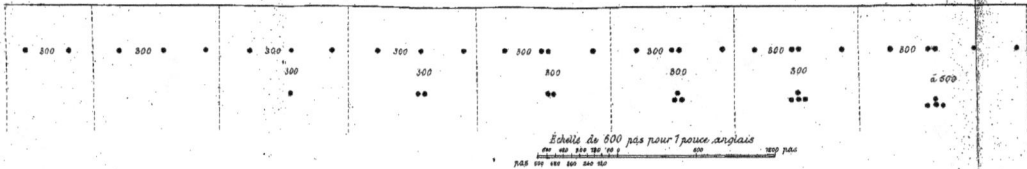

Remarque. — Les patrouilles conservent la liaison constante entre elles, en se réglant sur l'éclaireur de tête (milieu de la ligne) ; celui-ci reçoit, à cet égard, les indications du chef de la patrouille. Toutes les distances indiquées sur ce tableau se modifient donc constamment (elles augmentent ou diminuent) suivant l'étendue de l'horizon visible de chacun des patrouilleurs. Par un brouillard épais ou dans l'obscurité, il y a lieu souvent de faire marcher les hommes groupés ; aussi est-il préférable, la nuit, de lancer un grand nombre de petites patrouilles plutôt qu'un nombre restreint de fortes patrouilles.

Lith. Berger-Levrault & Cie Nancy.

Pl. VIII.

a'

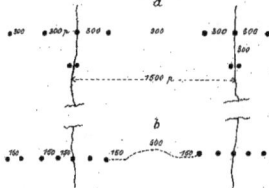

Escad. de découv.

a

☐ Poste principal

⬛ Avant-garde

⬛ Gros

Echelle

P   Pl. VII

a

600   600 p   600   600   600   600
600

.... 1500 p ....

b

750   700 250   700   600   700 700 m

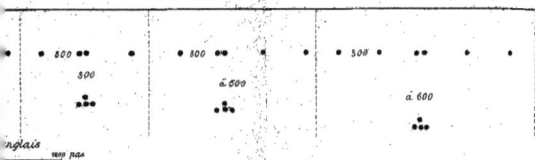

600 ●●   300 ●   300 ● ● ●
300
à 500
à 600

nglais   1000 pas

de tête (milieu de la ligne) ; celui-ci reçoit, à cet égard, des indications
(elles augmentent ou diminuent) suivant l'étendue de l'horizon visible de
les hommes groupés ; aussi est-il préférable, la nuit, de lancer un grand

Lith. Berger-Levrault & Cie Nancy.

www.ingramcontent.com/pod-product-compliance
Lightning Source LLC
Chambersburg PA
CBHW070854280326
41934CB00008B/1431